ショータイム

――女たちのライフ・ヒストリー

横家《よこや》純一《すみかず》 編

ショータイム

——女たちのライフ・ヒストリー

◎目次

Show Time

〔表紙写真〕よこや・りな（横家里奈）一九九六年生まれ、五歳

第1話

オーナーの感覚

【語り手】佐藤英理子　一九五五年生まれ、会社経営
【聞き手】大島彩（十九歳）、短大一年生
【インタビュー】一九九六年十二月二十五日

一、はじめに

わたしの〝はとこ〟にあたる佐藤英理子さんの話を、祖母や母から聞かされる時には、決まって、「英理ちゃんは、頭が良くて、ピアノもできて、スタイルもいいし、美人だし……」ということでした。以前に、少しはお話をしたことはありましたが、本当のところ、どんな人なのだろう、ということが気になっていました。それに付け加えて、会社の社長さんをなさっているということで、いろんなお話を聞いてみたいなと思い、このライフ・ヒストリーをお願いしました。

☺大島彩☺

二、ライフ・ヒストリー

まず、生年月日を教えてください。

昭和三〇年十一月二十五日、四十一歳になります。

あなたのお生まれは。

名古屋市西区です。そこから一度も外へ出たことはありません。

今の職業などを教えてもらえますか。

今の職業は、パチンコ製造・開発販売・レジャー事業です。パチンコ・ホールも経営しておりますし、パチンコ機の製造もしております。代表取締役社長をやっております。佐藤英理子と申します。急に、自分が子供時代から今日現在までのお話をしてください、ということですので、話させていただきます。

期待された良い子

まず、子供時代はねえ、そうだね、小学校一年生からずっと、どういうわけか、学級委員というものをやらされてきまして、小学校の四年生に児童会の書記というのをはじめてやって、いわゆる役員という、リーダーというものを少し……。なんかこう、目立ちたがり屋だったのかもしれないけれども……。小学校六年生の時には、名古屋市始まって以来の女生徒会長だったらしいですよ。小学校六年生の時にね、生徒会長というものをやったから、今のこの職業に結びつくのかどうか分からないけれども。小さい時からそういう、何かしら、人の前に立ってしゃべることが、まあわりと多い、ということがありました。

成績というものについては、やっぱり、それなりに努力はしていたつもりなんだけれども。ただねえ、そういった人前に出て、派手好きで……というふうだけじゃなくて、自分個人の子供時代を思うと、ものすごく引っ込み思案だったんですよ。意外だと思うんだけれども。あまりこう、喜怒哀楽を表面に出さず、いつも親の言うことを、ものすごくよく聞くいい子でした。だけどまあ、そういう生徒会長とか女会長ということもやらされて、やはり、親の目から見たら、非常に……けっこう、親の期待というものが、だんだん、だんだんと高まるにつれてね、自分の喜怒哀楽が出せなくなったような、ひとつのそういう時期があったんですよ。ものすごく期待感が高まるじゃないですか。

小学校一年生から六年生までトップを走ってたという、小学生のことだから、たかが知れてるだろうけど。それにね、小学校六年生の時にもう、その重圧があったわけ。「もう、英理子なら、なんでもできる」「もうあんたなら、なんでもできるでしょう」とか。なんか、すごい優等生みたいに思われちゃったから。表面は、ぜんぜん勉強しないような感じに見せかけといて、小学校の五年生、六年生と言ったら、ずーっと勉強しとったんだね、実は。陰の努力というのは、誰も知らないと思うわけ。たぶんこれ、あなたにはじめて言うことだと思うんだけど。

今の仕事でも、そういうところあるかもしれないんだけれど、いつも表面はすっごい優等生に見られてた。そいで、小学校五、六年生でありながら、ものすごく勉強というものを、ひとつのランクに合わせるために、自分の能力というのは、おそらくこの辺なんだろうけども、ここにもっていくために、これだけ努力したわけ。

本当の自分は？

それがねえ、ある時、プツッと切れたんだよね。親の言うなりの人生でいいんだろうか、みたいなことを小学校六年生ぐらいで、もう考えたの。それで、十二歳ごろかなあ、自殺を考えたんだよね、小学校六年生の時に。これを言うか言わないかは別としてね。今から思うと、小学校六年生で、けっこうおませな子だったな、っていうのがあるんですよ。自殺って言うんだけど、逃避って言うのかなあ。それぐらい悩んでて、その時は。自分で思わなかったんだけれども、現にあのころは、神経性「八ゲ」、五〇円玉「八ゲ」とか、百円玉「八ゲ」っていうのがさ……小学校四、五年生をピークに、いっぱい「八ゲ」ができちゃって、女の子で。小学生でそれぐらい神経質だったんだもん。

だからその時は、それがなんだかよく分からなかったんだけども。あと、大人になってね、なんであんなに神経性「ハゲ」がいっぱいできて、またそういった、死ぬの、生きるの、っていうことを考えたのかな。ということを大人になって理解して、自分なりに解釈をしているのは、それぐらい人の期待というのが、尋常じゃなかったということだよね。

やっぱり、中学校もまあ、それなりに受験勉強やって、受かって、それなりに勉強した。じゃ、自分の進むべき道か、って言ったら、あまり自分の路線っていうものじゃなくて、親の敷いたレールそのままに行ったんですよ。だから、中学校一年生から中学校三年生まで、またそこでも生徒会長やって、中学校一年生から三年生までまたやってるの。中学校一年生から三年生まで、毎年のように生徒会長やってて、なんでやってるのか分からないですよ。立候補しているのは自分なんだけども。なんでやってるのか、なんで立候補するのか、っていう、自分に自問自答していると、自分しかいないっていう、なんか変な責任感、そういうものがすごくあって。かと言って、中学校生活を楽しんだかと言うと、まあ、あまり楽しくなかったですよ。ほんと、楽しくなかった。なんか足らない。なんか違うんですよ。

そいで高校一年生になった時、南山学園だから中学から高校まで、エレベータ式にいけるでしょ。受験というものがないから。まあわりと、その辺の受験勉強とかは、そう考えずに、高校一年生に上がりました。なんか自分を変えなきゃ、自分が変わらなきゃ、なんか、人に持ち上げられた人生というものがね、嫌になっちゃったの。親の期待を、まあ、それはいいですよ。人から見られる、そういう期待感っていうものにね……。

自分自身は何をしたいのか、何を、自分っていうものはどこにあるんだろうか、っていうことに……。なんか、人に作り上げられちゃってるようなことが、すっごく、こう……思春期だから、高校一年生の時に考えちゃってねえ。自分っていうものはどこに、本当の自分ってなんだろう、うん。なんか、そんなようなものかなあ。そいで、高校一年生の一学期までは、また生徒会長やりました（笑う）。

「不良」でも一番

一学期の終わりぐらいかな、後半、下半期っていうのかな、そん時にいきなりね、どうしたら、生徒会長にならずにおれるんだろうか、っていうことから考えて、自分でもおかしいんだけどね。周りももう、なんだかそこまで行くと、まあ、英理ちゃんが生徒会長にね、やっていけば無難だろう、みたいに、思っていたのかよく分からないけど。どうしたら選ばれずにおれるのかな。どうしたら、自分が立候補せずにおれるのかな……どうしたと思う？

病気とか、仮病を使って。

そんな生やさしいもんじゃないよ。「不良」になろうと思ったんだよ。そん時の発想が「不良」になろうと思ったんだよ。いわゆる見せかけの「不良」。これがね、すごい発想だよね、いま思えば。

すごいですね！

見かけだけで。街行くと、「不良」っていう人はどういう格好をするのか。まずほら、あの当時は長い、ジョローッとながーくして、あの南山高校の制服を、ものすごく自分で改造して、髪の毛を、オキシフルで真っ赤っかに染めてね。鞄をペッタンコにして、とりあえず外面的にそういう「不良」の格好してた。

そしたらね、翌日みんなの目が、コロッと変わった。これがわたし、おもしろくってね。あっ、人の目っていうのは、外見でこんなに変わるもんかなと。別に「不良」の友達がいるわけじゃない。とにかく、みんなの目が、「どうしたんだろう、英理子さん」で、学校の先生に、すぐ職員室呼び出されたの。「英理子さん、どうしたの?」って。怒らなかったよ。あまりの変化に。「お家でなんかあったの?」って言われた。うちの親も、なんかビックリしちゃって。なんか怖くって、うちの親なんか眠れなくって。うちの母なんかあまりのことだから……。

学校の先生にね、職員室呼ばれてね、心配されたの。「どうしたの?」「いや、どうもしませんけど」って。そいで、そのまま帰されたね。なんか家で心配事があったら、先生が相談のるわ、みたいなことを逆に言われちゃって。それで、「よし!」と。このスタイルをとりあえず、ちょっとしばらく続けてみようという心が、見えかくれして。その代わり先生に心配かけさせず、親にも心配かけさせまい、と思ったら、勉強だけは人一倍やろうと思って。もう、格好は「不良」だけども、勉強すれば親も文句言わないだろう、学校の先生も文句言わないだろう、こういう考えだった。今までの勉強の量よりもね、さらに勉強したの。

ほんでね、学年一番をとったのよ。「不良」でね。「不良」の姿になったときによ。なかなか、「学年一」っていうのはとれなかった。自分でもビックリしちゃったんだけど。張り出し式だったからね、当時は……。「一番、佐藤英理子」って書いてあって、みんなが唖然としたわけ。「不良」の格好したとたんにね……（笑う）、一番になって。

すごい!!

すごいっていうか、変わり者《もん》なのよ、要するに。変わり者なんだけど、そいでね、勉強だけはとにかくしたのよ。だから、学校の先生も、なんにも言う理由が立たないわけよね。だけども、うちの母はさすがにね、「家から出てく格好、そういう格好はやめてくれ」って言われて。「家から出てく時はちゃんとした制服で、どっかで着替えてから行って。家の近所はやめてくれ」なんてことを言われたんだけど。まあ、だけど成績だけは落とさずにやってきたの。一年やってきた……。

わたしの姿でもないし

おもしろくないのよ。それやってても。いわゆる「不良」の人たちっていうのは、若干「不良」っていう人たちね、やっぱり、そういう格好し始めたら声かかるじゃないですか。で、今までの友達っていうのは、サーッとうしろ向いたよね。見事だった、あれ。サーッと、掌ひっくり返したように。話しも、寄ってきもしないよ。まあ、友人っていう人たちは、みんな掌ひっくり返した。その時に本当の親友ができたんだけども。

そういう「不良」みたいな人たちは、わたしの方に寄ってきて、そん時に思ったのは、「不良」の人たちっていうのは、すごく心のやさしい人だな、と思ったの。わたしたちが、優等生として見とる時のイメージとは全く違う。イメージは、そう、寂しい。みんな寂しい。なんか悩みを持ってる人たちの集合だから、っていうのは、その子たちから感じた。やっぱり、彼女たちのやってることもたいしたことじゃないんですよ。「不良、不良」なんて周りから言うんだけれども。

わたしはその中に入ってみて、ぜんぜんたいしたことじゃない。たいしたことじゃないの。とんでもない悪いことしとるならともかく、なんにもやってないんだよ。格好だけでみんなね。そういう子は、何かしらみんな寂しい。やっぱり、家が共稼ぎだとか、そんな子が多かった。ていうのは、なんか、やっぱり、心の空白を埋める何かがあるの。わたしもそのひとつだったかもしれないけど。一緒に遊んでて、そういう子たちなんだということが、ひとつ、分かって……そしてわたしが、そういうふうに変わったことによって、発見できてしまったから、今度は「不良」やってる意味がなくなっちゃったのね。なんか別に、それがわたしの姿でもないし。

それで、そんな格好して突然、生徒会長とか、役員なんて選ばれるわけないですよね。

選挙だって、票がまるっと入らなくなってるわけだからね。学級委員でもないですよ。今までは、「佐藤英理子、佐藤英理子」ってきたやつが、ポロッと、票が二、三票入ったかな、っていうぐらい。

選挙には出てみえたんですか。

まず、学級で選挙やって……。

ああ！　そうですよね。

やるじゃないですか。またあと、生徒会の役員に立候補するにはね、学年の中で推薦があって……とか、自分が立候補しても推薦がなければできないとか、いろんなシステムがあったから。学級の中で、そんな二、三票しか入らないのに、役員なんてやれるわけがないし。だいたい、そんな格好してたら、学校の先生って、役員なんかに立候補したって、先生の方からやめてくれっていうに決まってるから。まあ、わたしの要望通り、そういう役員っていう名の付くものはやらずに、一年は過ごせたわけですよ。

それもやってみた、それで理解できた。ほんとに自分の、いちばん本来の姿っていうのは、別に「不良」の格好してるわけじゃないんだから、一年ポッキリで、コロッとやめて。またスカートを短くして、鞄もポンポコポンにして、髪の毛を真っ黒けに染めて、普通の制服の形にして、ある日、突然、また学校へ行ったの。

レッテルが外れて

じゃ、またみんな元に戻ったかっていうと、もう変人扱いね。もう、だからもう、前となんら変わりないですから。元に戻ってません、元に戻らない。だから、自分のマイペースっていうことで、自分のやりたい、本当にやりたいってことが、それからしばらくしてでき上がったな。だからその時に、一旦うしろ向いた子たちは、別に、わたしが普通の格好に戻ったからと言って、また元に戻ることもなかったし。

それで高校三年生までだけれども、はっきり言って、わたし、学生生活を中学校、高校と、そういった、非常に自分でも変人だと思うんだけれども、ひとつの世界を見た、覗いた。どういうふうに、人間というものは変わるのか。親というものは、どういうふうになるのか。先生というのはどういうふうになるのか。そういうのはだいたい分かってくる。まあ、先生というのは、勉強さえできればいいんだな。親っていうものもそういうもんだな。それから友達っていうのは、こんなもんだな。そういうものが全部分かって、あとは自分でやってきた。

だから、今まで優等生だった。母親の目から見ても、わたしから優等生っていうレッテルは外れたわけですよ。世間も、わたしから優等生っていうのは、外れたんですよ。これが、すごく身が軽くなっちゃってね。なんだかそういう、ちょっと贅沢な悩みだって言うかもしれないけども、優等生っていうレッテルが外れたら、すごく気が楽になって、自分で進みたい道を行こうと……。

それからようやく、高校三年生の時に、本当の進むべき道っていうのを考えたの。まあそんなことが、とりあえず学生生活というところかな。だから自分で、高校三年生の時にやりたいことが、今度は山のようにできちゃってね。何に進んでいいのか分からないぐらい……。けっこうね、絵も好きだし、ピアノも弾けるし、なんかこう、口八丁、手八丁みたいなところがあって。なんかこう、ひとつに長けたものができるか、って言ったら、やっぱりうん、すべてがこう、なんとなくできるっていうの。だからなんか、やっぱりこう、一本ピーッとやれるものが、やりたいっていうものが……やらなきゃいけない、そういうことを思った、やっぱりね。なんでもそこそこできる……じゃいかんと思った。なんか、ひとつとび抜けてやれるものがやりたい。

その時にやっぱり、これから世の中へいくのには、英語。英語というものが、やっぱり、必要な世の中じゃないかな。ていうのは、今から何年前かな？　二十三年前のことだから……。英語がペラペラとしゃべれたらいいだろうな、とかっていうことでね。留学したいとか、まあ、そういったものを始めて、やってたんだけども。経済的な理由がね、やっぱり、親も留学なんて、そういう余力が、その当時はうちはなかったもんだから。まあ、断念せざるをえないっていう、だけど、どうしてもこういうものは勉強したい、っていうことで、アメリカン・スクールっていう所に。

アメリカン・スクール

大学行って、こっちアメリカン・スクールっていう所へ行って、そこん中で、たかだか半年間だったけれども、その中で本当に、種々雑多な「外人」さんと一緒に、英語で会話するのが六か月間ね、留学しなくても、けっこう満喫はできたけれども……。

日本でそういう……。

そうそう、そうそうそう、アメリカン・スクールってことで。種々雑多なね、アメリカ人だけじゃない、いろんな人種ね、中国人もおれば、オーストラリア人もおれば、まあ、いろいろですよ。イギリス人もおれば、フランス人も。フランス語はできなかったけれども、まあ、統一語として英語っていうものを一日中しゃべって。お友達もできるからね。日曜日も土曜日もね、友達とは英語でしゃべるから。あのころは二〇歳前ぐらいだったけれども、まあ、ごく、日常会話は、その当時にできるようになったね、やっぱり。

だから、日本の学校の英語っていうのは、わたしも南山高校だから、英語はすごく勉強してきたつもりだけども。単語を読むことはできても、耳に入らない、しゃべれない、ってことだから。なんでしゃべれないのかな、ってことになると、勇気がないからしゃべれないね。恥ずかしいから。あんなもの、よく考えると恥ずかしいからしゃべれないだけね。ヒアリングっていうのも、しょっちゅうやってないと、やっぱり分からない。だから、ものの三か月間ぐらいになったら、もうすごく、耳に入ってくるし、まあ、恥ずかしいもないね。全部しゃべらなきゃいけないからね。

だから、そういうもの分別するわたしには役に立つつくりだけど。そこで何を学んだか言ったら、そうねえ、わたし、学生やってて、あのアメリカン・スクールの時代がわたしの青春だったんじゃないかな。あの当時にできた友達っていうのは、いまだに続いている。今でも、親友でいるんだけれども。高校生、中学生の友達じゃない、アメリカン・スクールの時の友達。

「外人」の。

日本人の。「外人」もだけど、やっぱりあの時にね、ものすごくこう、なんて言うのかな……先ほどから何度も言うようだけど、本当の自分ってなんだろうとか。人に押しつけられて、人がわたしにたいするイメージっていうものを持っているんだけれども。アメリカン・スクールって言ったらね、人種がね、もう種類が雑多で、やることがもう大胆なんですよ、みんなね。非常に、泣くもわめくも、話すっていうことについても、みんなぶつかり合うわけよ。

日本みたいに変に陰にこもってね、陰でゴチョゴチョっていうのが、わりと学生時代にあったんだけども、ない。思ったら、その場でストレートに言うわけですからね。わたしもどっちかって言うと、そういうパターンが非常にうれしいから、自分が。陰でどうのこうのじゃなくて、思ったらその場で。だからものすごく、コミュニケーション、っていうのかな、カンバセーションって言うの、いわゆるその会話がさあ、もう、こう言ったら、ポーンとはね返ってくるのがすごくうれしくって。世界人種、これ大げさじゃないよ。本当にそう思ったんですよ、その時に。みんな一緒じゃない！　っていうのを思ったんだよ。

ほんで、みんな若い子ばっか、わたしと一緒ぐらいの年齢の子ばっかだから。十八、十九、まあそんなに変わらないですよ、みんなね。アメリカ人って、こういう、こんなようなイメージの子供かな、とか。でもぜんぜん、なんら変わらないですよ。子供の方はストレートだから、大人になるとだんだんひねくれる。ひねくれる、っていうのか、なんかへんに勘繰ってくるでしょ。もう、何人であろうが、みんな一緒だ、ってことを考えた。あれは驚いちゃった。ヘンな偏見とかね、なくなっちゃったのね。相手が誰であろうと、悩み……恋愛の悩みも、悩み方も一緒なのよ。就職先の悩みも一緒。親のことでけんかした、っていう悩み方も一緒。なんか全部たわいないことから、すべてね、わたしたち子供の時の、思春期に思ってる悩みそのものがね、全部一緒。

じゃ、なんだ、人間ってみんな一緒なんだって。なんか「外人」って言ったら、なんかぜんぜん別個のイメージで、なんかぜんぜん違う考えで、って思ってたんだけど一緒なのよ……一緒なのよ。なんで一緒だ、っていうことが分かるかというと、みんなストレートだからさ、個性もものすごく強いし。

個性の尊重

わたしが個性的だもんだから合うんだよね、そこに。だからわたし、どっちかっていうと日本的じゃないのかもしれないけど。あなたも分かってると思うけども、個性っていうものを自分には求めてたんだろうし、そういう、みんなが作り上げていくものにたいして反感を持ってる。てことはですね、もう個性っていうものは芽生えていたから、逆に、そのアメリカン・スクールにいた時に、個性っていうものにより磨きがかかったっていうか。

そういう意味では、ものすごくアメリカン・スクールでの、わずか一年足らずで、結局その時に、人類みな一緒、世界みな共通、それは、思ったし。それとやっぱりそうだね、非常に中学校、高校、狭いなかにいてね、なんか世界っていうものを、わずかアメリカン・スクールの中で感じとったものもありますよね。なんとなく英語を勉強したり、っていうのも、もっと進んでそん時に思ったし。やっぱりもっと、もっとうまくしゃべれるようになれば、彼らのもっとその奥の気持ちね、今の「みんな一緒じゃないか」っていう話以外にね……。

なんかこう、例えば日本では今はそうでもない、て言っても、この話はこの後からするんだけれども、わりと女性っていうのは下に見られがち、っていう部分がある。そのアメリカン・スクールにいる、わずかそういった若い子たちね、その当時は十七、十八、十九っていう年齢層だったんだけど、誰もそのことを思っていないし、自分の親もそんなふうにも、たぶんそういう教育を受けてないんですよ。

その女性っていうものが、世に出ちゃいけないとか、日本みたいに男のちょっと一歩下がって、っていうふうなものは全くないですよ。女でも男でも、いいものを表面に出して清くつき合って、そういうものをごく自然に向こうでは教育されている。だから、そういったこともほんの少し感じたし、やっぱりアメリカン・スクールにみえた学校の先生である女性の教師も、いつもそのことを言ってたのね。日本人っていうのは、女の人を非常に下に見るっていうこと。女としても非常にいいものを持ってる。そういうものをどんどん伸ばさなければ、ダメだ、っていうことをね。あと、その女教師もみなさん言ってみえたから。

だからその時は、「え？ え？」とか、って思ってたよ。日本に住んでるわたしにしてみれば、先生はそうやって勝手に言うけど、日本人はそんなことないよ、ってことで。そんなん、よく疑問符だった。だけど、その先生は非常にそういうことを力説される。ていうかね、これから女の活躍する日本になって欲しいみたいなことをね。そんなことまで言ってみえた先生がいて、「えー？　日本でそんなことできませんよ」とか言ってやってたんですけど。

ただやっぱり、アメリカン・スクールのその雰囲気みて見ると、男の子も女の子もものすごく同等に話が、会話ができる。学生だからっていうわけじゃないんだろうけど、非常に男の人も、女だからっていうふうな目で見てない。だから、そういうものが日本とはちょっと違うような、っていうのがアメリカン・スクールで、わずか一年の間だったけど、そういうものを感じた。ま、それが、非常にアメリカン・スクールで感じたことなのかな。

だから今、その当時の友達でいた男友達も、いまだに男友達として続いているし、女友達も続いているのは、先ほども言った、中学、高校の友達じゃなくてアメリカン・スクールの友達。その男の子たちの友達の名前はね、アメリカン・スクールっていうのは、下の名前で言うじゃないですか。いわゆる日本人で言ったら、「ヒロシ・イマエダ」とか「ハジメ・イトウ」とか言って。だから、この四十一歳にもなって「ヒロシ！」「ハジメ！」とかね。だから、はたで聞いたら、びっくりしちゃうかもしれないけどね。

おもしろい！

そういう名前で、だから、向こうも「エリコ！」って言う。呼び合うっていうのが、どうしてもいまだにね。あだなじゃなくて、名字じゃなくて、下の名前で呼び合うからちょっとね。へんな会話に、はたで聞いてる人にはみえるかもしれないけどね（笑う）。それはそれとして、そんな感じで……。

えっ?! なんで?

さあ、これからわたしが進むべき道は、何がなんでも英語だぞ、何がなんでもアメリカ、何がなんでも、世界。そういうイメージがふくらんだ矢先にですね……。うちの父が、町工場だったんだけども、やっててね。二、三〇人の会社から今の会社の前身をやってて。あまりにも資金繰りがたたない会社だもんだから、経理の人がことごとく逃げちゃうんだね。非常に厳しい状況。

そこにね、わたしに白羽の矢が立ってね、わたしはこれから、っていう時にね。二十二歳だったかな。昭和五十一年だから。二十一、二ですよ。いきなりね、電話番でこっちに入れさせられて。最初は電話番、ぜんぜん分からないから、経理のことなんか分かるわけがない。そろばんが多少できる。電話の応対が多少できる。納品書、請求書、領収証の違いが分からないところから始まってるんだから。分かるでしょう？　ぜんぜん分からないんですよ。納品書、請求書、領収証の意味が分からないんだから。なんで？　っていう。ぜんぜん意味が分からない。なんで納品書がきて、また同じ数字の請求書がくるのかな？　っていう意味が分からないくらい、経理というものが分からなかったの。

そっからね、経理の人がいきなり辞めちゃったり、会社のお金をちょっと持って逃げちゃったりとか、さんざんなことがあって。どうしてもハンコ持つものは、身内じゃなきゃいけないってことで、その当時、うちは別の仕事やってたから、母はそっちでしょ。だから、わたししかいないわけですよ。父親の片腕となるのは。そんな二〇歳そこそこに、いきなりあなた、はっきり言って、スレートぶきの掘っ建て小屋みたいな工場の所に、それもこんな感じであって、「キューポラの街」（註…浦山桐郎監督『キューポラのある街』一九六二年日活映画。原作は早船ちよ、脚本は今村昌平・浦山桐郎。主演は吉永小百合。鋳物職人の娘〝石黒ジュン〟役）みたいなね。街中のね、かっこいいオフィス街を夢に描いてるじゃない。なのに、ぜんぜん違うね、スレートぶきのね、よく今、これでこそ、こうやってビル建ってるけど、当時スレートぶきですよ。工場一階。一階スレートぶき。トイレなんてあなた、この辺、下水道通ってないから分かるでしょ?!

分かります(笑う)。

ね。女の子っていう子はいないんだよ。みんなおじさん、おばさん、おじいちゃん、おばあちゃん。そんな会社に、わたし一人、二〇歳そこそこ。地獄、地獄。それまでわたし、だって野心の塊みたいな女がだよ、なんでかね……。父親が、やっぱりどうにも困ってる姿っていうのは、やっぱり分かるじゃないですか。そりゃ最初のうちはね、一年やそこらで、もう棒おって辞めようと思ってたしさ、軽く見て。「やだ、絶対、やだ」って。わたしの夢は、大げさじゃないけども、やっぱり、ひとつの就職口があったのよ。電通の国際課。電通、あの広告関係の。花形産業じゃないですか。

そんな感じしますね。

メディアの。そんなのがこっちにあってね、父親がわけの分からない会社をやってくれるばっかりに、「え?! なんで?」っていう感じだけども。最初はこしかけ程度だった。こしかけですよ、あくまでも。父親はね、やっぱり、ハンコを持たない主義で、今でもつらぬき通してるけど。父親のポリシーっていうのは、自分が経営者のハンコを持つとね、すごくせこい商売になるから、自分は資金繰りを見たくない、っていうんですよ。自分は、開発上がりです。アイディア・マンだから。そんなお金の計算をしたら、アイディアも浮かばない、技術が開発できない。そういう、すごく……かっこいいと思う？

うん、かっこいいと思う。

思う？　冗談じゃないよ。開発しまくるわけですよ。原価計算もせずに。

あー、お金が……。

ね、アイディア、ポコポコ浮かんでくるよ。次から次へ作るよ。わずか、そのスレートぶきの小っぽけな会社でよ。資金繰り、わたしよ。こっちは湯水のごとく作るわけですよ。わたしは、もう資金繰りたたない、ね。で、ハンコだけ持たされる。そんな状態でね、どんどん、どんどん窮地に追い込まれるんですよ、会社が。はっきり申し上げて、父親には苦労させられました。まあ、アイディア・マンだから、今は、それが強みの会社になっているんですけど。

当時はもう、「頼むで、そんな！」ね。売れば売るほど利益がなくなる、っていうの分かるかな？　要するに、販売価格よりも原価が高い、ってやつよね。それでいくら名をはせた、って言ったって、赤字になったらそれでつぶれるだけじゃないですか。ほんで、絶対にわたし、ギュッと財布しぼるとね、これだけ小さな会社だからね。「そんな価格で売っとったら売れるわけがない。価格帯はこれだけ、これでしか売れない、これで売るんだ！」、こう言うでしょ。

だから、原価とそれより上へ上がって。「どうしてそんなこと？」なんて。「そこまでしてやる必要が、なんで？」って。商売やる必要がない、ってことが、まあ、みんな分かりますがね。わたしが全部、資金繰りがこっちにかぶさっちゃってるから。だから非常に、そこらへんで、二十三、四、また、すさまじい、人生、あれ以上苦労っていうものを味わわせてもらったことがないぐらい、お金の苦労っていうのを味わったね。

青春ど真ん中

駆けずり回り、っていう状態。二十二、三歳ですよ。だから、なまいき言いたくないけれども、ちょうどあなたぐらいの年に、わたしはそういうすさまじい金の苦労っていうの、それをじゃ、ふつう親がさせませんよね。うちの父親はね、これでもか、これでもか、っていうぐらいわたしをね、そこまで追いつめるの、なんでか。ふつう親はね、もっと子供には、なんの苦労もさせずにね、普通に、いい旦那さん見つけてお嫁さんになる、っていうふうになるのが普通じゃない。だけどうちの父、違うのよ、わたしだけにたいしては。もうこれでもか、っていうぐらい、社会の善と悪と金の苦労と。

なかには詐欺まがいのことも実際に経験したり、あったわけよね。それから持ち逃げみたいな、いろんな苦労がありましたよ。そこの会社を起こす時にも、悪い人の、悪い人っていうのはどういう人なのか、どういう手口でくるのか、っていうのは、もうこの目でガンガン見てね。人っていうものがね、ある時、人間不信症になるぐらい。会う人、会う人、みんなうちの会社を根こそぎ、どうせつぶれるなら、金持って逃げよう、みたいな集合の人間ばっかかに見えるわけよ。そんななかに、お父さんだけを一人残して辞めるわけにいかなくなっちゃったのよ。辞めるわけにいかなくなっちゃったの。

なにも、いいんですよ、ほったらかして。二十二、三歳だから、別に。友達はみんな、ディスコ行くだとか、お酒飲んで、彼氏とボーイフレンドと一緒に遊びまわっている時に、毎日、これはもう言いたかないけど、毎日そんな、いちばん青春ど真ん中、っていう時に、夜の十二時まで仕事してたの。毎日。この辺なんか、非常に「キューポラの街」みたいだから、真っ暗になるでしょうが、ね。会社、工場地帯だから。ここらは、ポツンと電気がある、恐い。だけど、誰かが待っててくれてるとか、わたしの上に上司がいるとか、誰もいないわけよ。

小っちゃな会社だから、わたししかいないのよ。一人ポツンと追い出されたようにして仕事せざるを得ない。今日残せば、また明日、それが倍になってたまるわけだから。だから、それぐらい零細企業、っていうと、自分の能力以上に仕事の量は持たされる。ていうのは、零細企業の宿命だなって、その時思ったの。大きな企業っていうのはさ、優秀な人材がたくさんおってね、それで振り分けて、やってるわけだから、できるに決まってるじゃない。零細企業、中小企業っていうのはさ、自分の能力以上のものを与えられてね、それをこなさないといけないから、もうたいへんですよ。

だから、仕事が量もすごいし、自分の能力以上の仕事が次から次へとくるからね。だから、世の中にある中小企業、零細企業の人たちっていうのは、ものすごく大変だわ。だから、大企業っていう所ね、有名企業っていう所は、そりゃ言っちゃなんだけども、まあ、優秀な人材を次から次へと拾うことができればね、会社っていうのはものすごく楽ですよ。ていうのは、その時に思ったんだけども。あの時も、夜の十二時まで、なんだか知んないけど、書類が山のようになるわけ。貝みたいな、一人ぼっちは、ほんと……。

わたしは死ねる

　だから、友達いなくなっちゃったね、そん時に。親友は別として。だから、遊べないんだもの。遊べない。だけどあの時ね、つくづくね、会社と共に死んでもいい、っていうことを思ったんだよね。二十一、二の時に。会社がつぶれたら死んでもいい、ってことを。だから、死ぬぐらいの気持ちでやれるんだったら、もっとがんばれるんだろうな、っていうのをその時に思ったの。この「太陽電子」のためだったら、わたしは死ねる、って思ったんだ。うそ隠しなしに思ったんだ。

　だから、その時にはね、父親のために働いているんじゃない。「太陽電子」っていう……会社ってなんだろう。「太陽電子」のために働いている……それじゃあ、「太陽電子」ってのは、何？　父親？　父親じゃないんだよ。父親じゃないんだよ。今までは、父親が一人でやってるから、仕方ないから、わたしがいなきゃいけないから。だけどよく、企業に入れば人のために働くっていうことを、まあ、それも本当だろうけど。良き上司に恵まれたら、その上司のために働く部下っていうのは、それもひとつの形態だろうけど。わたしの場合は、上司っていうのは、父親しかいないわけだから。父親っていうのは、会社のひとつなんですよ。〝社長〟っていう名の。

その当時、父親が社長だったから。〝社長〟っていう名のひとつだったんですよ。会社のひとつだった。だからわたしは、何のために働くのかっていうことなんだけど、人のために働く、っていう表現がないの。会社のために働く。「会社って、誰なの？　何？」っていうことを考えたら、会社って言ったら、社員で築き上げた財産じゃないですか。社員が築き上げた財産の保護のために、わたしは働いてるんじゃないかな、ってことをその時、思った。

だからその時に、自分が身内であって、経理関係やってたら、はっきり言って領収証をいくらで落とそうが、何しようが、自由自在に自分の給料も自分で決めてやれるでしょ。むちゃなことを考えるなら。自分の給料、いちばん少なくしたのよ。残業手当、十二時までやってればつくはずだけど、わたしはつけなかったのよ。バカだよね、いま思うとね。やれなかったのよ、自分でね。

そういう、だからもう、その時からオーナーの感覚だったかもしれないね、そんな時にね。オーナーっていうのは、そういう考えだと思うけど、自分もそれに近いことをもうすでに、そん時に思っていたのかもしれない。自分の給料上げて、みんながこの会社が苦しくなるようだったら、そんなわずかなことだろうけども、できない。それから残業手当なんて、毎日こんだけ残業してたら、すごい給料になっちゃうこと分かるから、それもつけられない。じゃ、なんのために働くか、って。だから、その社員が作り上げた財産の、そのものですよね。財産そのものですよ、会社っていうのは。

奥深いもの

　だから、よく社員なんかで、「この会社は……」とか言ってたりすると、「誰を指して言っとんの？」って、わたしよく思うのね。たぶん、末端の、あまり愛社精神っていうものは持ち合わせてない社員の人が、「ここの会社」っていう表現をしたら、わたしは即刻「次の日から辞めて欲しい」って、言いたくなるね。自分の会社に勤めておりながら、「ここの会社」って言うのは、どういう表現？　だって〝うちの会社〟でしょ。だから「ここの会社」って言う人は、もうそれでわたしは、「あっ、ダメだな」って思う。〝うちの会社〟〝うちの会社はね……〟が普通ですよ。それが本当ですよ。「ここの会社って、あんた、どこの会社のことを言ってんの？」ね、すんごくムカつくわけ。だから、愛社精神の塊が、もう二十一、二歳に芽生えちゃって……。

あと、「会社は何もやってくれない」「会社は馬鹿なことを考えとる」とか。例えば、そんなことが耳に入ったら、「会社って、誰のこと言っとるの?」って。おそらく〝会社〟っていうことを言うんであれば、それは、ま、トップ軍団のことを言うんであろうけど。だから、その当時のことをずっと思い浮かべて。今わたしが社長になったわけだから、その当時をずっと思ってね。やっぱりあの当時、非常に貧乏な会社でしたから、社員の愚痴も非常に多かったわけですよ。はっきり言って、勤めてもらってる、っていうのが本音だったから。辞めてもらったら困る、っていう感じの使い方だったかもしれないね。

だから、そういうのがあると、社員っていうのはこうなっていくわね。天狗になっていく状態だから、末期的症状っていうのかな。そんな中で、わたしが父親の下にいるわけだから、非常に愚痴が言いやすい、わたしは、はけ口にされたのよ。父親には言えない、社長本人には言えない。わたしはそのうち、事務員で身内でいるから、わたしは愚痴のはけ口。二十二、三歳の時にもう泣かされてね、それで。

社員の人に。

そうそう、そうそう、そう。だからその当時は、不安たらたらになるぐらいの小さな会社だったからね。給料が特別高いわけでもないし。労働時間が特別いいとか悪いとか、そういう問題じゃないし。それで愚痴ばっかかたれとるの。よく聞かされました。わたしはいつも、結局トップによう言わないから、わたしに言いやすいから、わたしに言ってた。わたしもまた聞いちゃうもんだから。愚痴のはけ口、っていうことで、ずいぶん、はっきり言って、わたしはいじめられた、って思うのよ、その時にね。

でね、それが今になると、それがすっごくいい経験だったな、っていうふうに思います。ていうのは、どうしてこんなに愚痴がいっぱい出るのかな？　じゃ、出ないような会社にすればいいんじゃないかってことを、わたしはものすごく思ったよね。だから、愚痴が出るっていうのは、やっぱりそれだけ、不満がある。ていうことは、ひとつの意見ですよ。まあ、言い方がまずいと思うぐらいね、今は。

意見の通し方、っていうのも、組織だってない会社だったから、とび抜けて誰かに言うとかね。そのとび抜けてわたしみたいな、こんな二十一、二の娘に、いわゆる社長の娘に言う、っていうルートしかない、っていうこと自体が、組織になってない工場だったから……。だから、裏を返せば、なんとかして欲しい、っていうことでしょ。本当に嫌だったら、辞めちゃいますよ。本当に嫌だったら、辞めちゃうんだけども。じゃ、なんとかして欲しい。それがわたしの方に言う時には、もう、愚痴の塊になっちゃってんだけども。裏を返せば、意見だ、っていうふうにわたしは思って。

当時社長だった父親にたいしても、「これだけ不平不満が出てるのを、お父さんがなんとかしなきゃダメだよ」っていうことは、始終言ってたし。だけど、そうおいそれと、給料さえ上げればいい、ってもんじゃないしね。何を求めとるのか、って言ったら、社員の求めとるものっていうのは、給料さえ上がればいい、ってもんじゃないんだ。やっぱり、そういう住み心地良さ、それから人間関係の良さ。人間関係が良くなるにはどうしたらいいのか。そういうものがひっくるめて、もっともっと奥深いものがあったと思うのね。

給料だけで、お金だけで働く、っていうもんじゃない、ってこともその時思った。もうお金っていうもので判断すれば、みんな辞めてくことなんて簡単でしょうね。だからそれは、やっぱり言い方はまずいけど、なんとかこの会社を、ここだけ変われば、もうちょっといいのにな、っていうものだったんじゃないかな、と思うんだけども。

石の上にも三年

当時、わたしにしてみれば、もう涙が出てくるほどいろんな、毎日、連日連夜いろいろあったわけよね。だからそれはやっぱり、規定作りもしっかりしてなかったし、まあ、いろんな意味でのね、社内規定がしっかりしてないから、しっかりして欲しい、っていう意見だと、わたしは取っとるんだけども。その当時にずいぶん言われて、毎日のように、社員と目を合わせるのが嫌っていうの。ますます会社に行くのが嫌ですよ。だけども、会社に入ったきっかけっていうのが、もう、会社の片腕、っていうのがわたししかいない、わたしが辞めちゃったら、後に経理の人間がいない、たったそれだけのことだったんだけれども……。

やっぱ、あの時点で辞めたい、ってことをある人に相談したら、そのある人ってのは、小学校の時の先生でね。ずっと前にしゃべったんだけど、自殺をしたかった小学校六年生、そんな六年生やそこら、自分の命を落とすことまで考えてる子供っていうものにたいして、非常に興味を持ってた小学校の先生がみえて、その先生ともいまだに続いてますけどね。恩師だからね。わたしの恩師、って言ったら、小学校六年生の先生なわけよ。

その先生に相談したら、「とにかく、三年は我慢しなさい」って言われたの。

だからまだ、そういう轡《くつわ》状態の一年目ぐらいだったから、そうだな、三年たっても別に、そんな収入がそうとう変わるわけでもないし。じゃ、先生が言われた通り、あと二年がんばってみます、っていうことで、二年たって、三年たったわけね。要するに、「石の上にも三年」ってよく言うけれども、本当にそのことだけのことよ。三年たったら辞めようと思ったの。親が戻ってくれ、って言おうが、何しようが、わたしの人生がもっとあるはずだ、っていうのが、まだ手探りで探していたからね。

三年たったらさ、どうなったかっていうと、わたし、いっぱしに仕事ができるようになっちゃったわけよ、ね。その経理でもたいしたことないんだけども、そのレベルの会社として見れば、いっぱしに経理面での長になっちゃったわけよね。ああ、このことを先生言ってたんだな、石の上にも三年っていうことは。一年しか勤めてなければなんにも分かんないから、不安ばっかりじゃないですか。不安ばっかりの中で、文句たれとっても仕方ないよ。ていうことが、石の上にも三年。

三年たった今、どういうふうに自分が変わったのかな、って。あと見まわせば、その当時、愚痴ばっかり言ってる人も、愚痴を言わなくなってきた。その間にわたしも、改善すべきことをできる範囲内では、言ったし、話し合いもやっただろうし。それから、そういう仕事面でも、ある程度充実してきたっていうか……自分の中でこれだ、っていう仕事っていうもの。いわゆる、本当に社会ってものが理解できた。自信がもてたっていうのかな。

水洗トイレ

三年たつと、自分の仕事に自信がもてる。自信がもてた時に、辞めるっていうことを思わなくなっちゃったのよね。なんでかな、っていうことで。だから先生には、非常に感謝してる。あん時行かなければ、一年でたぶん、今の会社、嫌で嫌でしょうがなかったんだから、辞めてたんだろうと思うけども。非常に小さな小っぽけな会社だったんだけども、三年たってそれから五年たって、八年勤務した当時、ビルが建ったわけよね。うちの会社がね。やっぱり、待望のビルですよ。

今まで、何がなんでも水洗トイレが欲しい、ぐらいのささやかな希望が、本当よ、望みって、そんなものから始まってったからね。水洗トイレが欲しかったんだから。水洗トイレが三つぐらい、ポコポコと並んで。そこに女子だけのトイレ、男子だけのトイレ、こんな会社がいいなあ、そんなものだったの。小っちゃなビルですよ、その当時はね。小っちゃなビルが三階建てのビルがポーンと建ちました。

うれしかったね。やっぱり、まがりなりにもほんのちょっと、OLみたいな雰囲気をね、味わうことができて。水洗トイレがあって、女子と男子と分かれてるトイレがあって。何がこだわるかって、ほんと、トイレが水洗になったっていうので、すごくうれしかったんだけど。やっぱり、三階建てのささやかなビルができた。あの時の喜びってのが、やっぱり、すごくうれしかった。

それがね、入社八年目のことでね。八年もたつとわたしも、そこそこ役職についてね、課長ぐらいいってたんじゃないかな。だからやっぱり、ものすごくその当時、苦労している人たちは、今でも役職についてるし、なかには役員までいってみえる人が当然おるし。みんなそういう非常に苦痛をね……。辞めるのは、簡単、ほんとに。辞めるのは簡単ですよ。あの当時、若かったから、辞めるのは簡単のうちだったかもしれないけど。今、わたしのこの立場にして見れば、辞められない状態だね。

だから、辞めてく社員は羨ましいな、なんて、なかには思ったことはある。辞められない人間の苦しみっていうのは、どういうものか、社員に知って欲しいな、ってことも思う。辞められない苦しみっていうのは、もうこの中で生きていかなきゃいけない。なんで、別に嫌なら辞めていけばいいじゃないか、っていうことなんだけど、だけどそこには、責任感っていうものができちゃうんだね。

だから、責任感っていうものができ上がっちゃうと、おのずと役職もついてくるし、給料っていうものも。ようやくその時に、お金っていうものがついてまわってくるもんだなと。それまでは、お金が欲しいとか、給料上げて欲しいなんて気持ちサラサラなかった。ただの一度もなかったですよ。これ、ほんとの話。そう、家系的にね、そんなわたしが、全部家族養う、っていうわけじゃないから、そうやって言えるのかもしれないけども。やっぱり給料っていうのは、あとでついてまわってくるもんだな。ていうのは、その時思ったんだよね。

人事考課

うちの社員にも言いたいんだけどね。欲しい、欲しいたって、それは欲しい言ったって、誰もがね、認めればおのずと上がっていきますよ。それはね、うちの社員によく言うのはね。よく、「誰も見てくれない」「僕がやってることは、誰も知らないでしょう」

とかって言う人が、昔いたんだけどね。「冗談じゃない」ってことをね、言いたい。見させるぐらいの仕事やってないから、見てないんだよ、ってことだよね。見てくれないっていうことを言ってる時点では、それじゃあ、仕事やってませんっていうことを、自分で公言しているようなもんだと、わたしは強く言いたいよね。

よくね、わたしからえらそうな言い方だけども、何を今さら大の大人がタワケたことを、っていうことを思うのは、「誰も見てくれない」「僕はここまでやっているのに」っていうことをね、言う人がいるんだけども。そういう人は、ぜんぜん自分で、「僕は仕事やってません」って、自分で言ってるようなもんだなって、わたしは裏返して思ってますよね。わたしの人事考課っていうのは、そうですよ。ありゃ、人事考課っていうものをやる時に、「人事考課」って言うんだけども、評価点数が悪い人は、えてしてそういうことを言う人が多いね。

だからその、人はね、見てるんですよ。誰も見てないように思ってるかもしれません。見てるんですよ。だから、そういうことを言わない人、こつこつと非常に、こう、こつこつとやりながら、そしてある時、パッとすばらしい活躍する人っていうのは、そんな「見てくれないだろ」とか、うんぬんなんて考えて仕事やってない人が多い。そういう人の方が、非常に周りの評価っていうのは、すごい。だから、「自分、見てくれない」は、違う。見てる、みんな見てる。誰もが、見てる。周りが見てる。やれるやれない、見てるんですよ。

だから、やれる人っていうのは、みんなが認めてるから上に立っていけれる。だからそういう、やれるっていうことは、またわたしたちの耳にまで入ってくるの。ここまでのレベルまで。だからそれは、これも教育の一貫としてね、よくわたしもそういうことを言うんだけども。そういった問題、ずっと経験しながらわたしも、経営者的な立場になっちゃったなー、とかって思ってると、部長っていう肩書きがいきなりついた。別に、そんなつけて欲しくないのに、欲も何もないんですよ。そんな出世欲なんて、まるっとない。それがだから、社長の娘がそういうふうになった、って言われれば、そうかもしれないけども。わたしは部長までの役職については、自分の実力でなったと、わたしは絶対に声を大にして言いたい。

部長から上になって今、社長にいるのは、これは運命っていう、宿命っていうものでなっているのかもしれないけど。自分の実力でなったのは、うちの会社においては、部長までは自分の実力でなった。ていうものは、声を大にして言いたいね。全く無関係にね、身内っていうのは、無関係に。だけどそういうふうに、何のために仕事するのか、っていうのは、お金のために仕事するんじゃないの。ていうのは、自分を思い返して、わたしが言ってることですよね、わたしがね。

なんてったって我慢

だからもっと、他にやりたいことがいっぱいあったのは、どうなったの、っていうことについてはさ。なんかね、わたしなんて、英語が好きだ、絵が好きだ、音楽が好きだ、っていうのが、いきなり経理やってるわけだよ。なんなのかな、って。わたし、経理が天職かって言ったら、天職じゃないと思いますよ。経理っていうものが、総務、経理っていうものが、天職じゃないと思うけれども。その中で、自分の歴史の中で勉強していけば、自分で独学でここまで来たわけでしょ。全部独学で、誰も教えてくれないわけだから。

だから、そういうものは仕事っていうものは、誰もね、自分に向いてピシャッと合ってね、天職だと思ってやってる人なんて、万人に一人ですよ。これも言いたいね。また、その自分が音楽的センスがあって、それでその道でご飯食べてけれる、っていう人は、これはね、本当に少ない。だからみんな、社会の中で働いてる人っていうのは、みんなそれぞれ、その中で自分が見つけ出していくものが仕事だ、っていうふうに、わたしは理解してる。

わたしもいろんなことができるのに、なんで経理にいるのか、って言ったら、別に経理を卑下するわけじゃない。やっぱり、その歴史の中で自分が独学で学んだものが、それが自分の社会の中のひとつの分野として、得意とするものがあるわけだから、それでいいじゃないですか。だからわたしは、会社の分野、営業の分野分かりませんよね。だから、この企業っていうものの中において、その得意とするものをもってれば、それでみんなで形成されていく。それでいいと思う。

英語はどうの、音楽がどうの、それは余暇でやればいいのよ。だから、余暇でやって良かったな、ってまた思う。ピアノの道に進んだらね、もう天才なんていくらでもいるからさ、もっと頭打ちになって、もっとひどいね。自分で大変な思いを、今しとるかもしれないけど。英語についても、じゃ、この二〇〇人近くの社員の中で、英語をしゃべれる人間っていうのは、はっきり言って一人としていないわけだ。英語学んどいて良かったなって、それだけでいい。

だからときどき、外人さんから電話がかかりますよ。「タイヨー・エレック」っていう名前がついてるからさ。なんかのリスト見て、電子・エレクトロニクス関係の会社だと思って、アメリカからさ、ダイレクトで電話が入る時があるの。

わ！ すごい！

本当に。うちの事務員さ、「アーアー」言って、わたしの方に電話持ってきて、しゃべれる方じゃないけども、ま、ポロポロ、ポロっとしゃべれば、みんなは、「お？」って思うじゃん、ね。そんで、いいじゃないですか。それだけで。あとは、ひとつの特技っていうことで、だからそれは、それで今でも別に役に立ってないことはないし。またそういうものも、これからまだね、まだ必要だと思うし、それはそれでいいと思う。

だから、自分の仕事に、肌に合ってないとか、そういうものっていうものは、仕事の中にひとつとしてないと思う。そこの中にはやっぱり、努力と、なんてったって我慢だよね。我慢することなく次の所を見つけて、そこへ行く人がみえるけども、じゃ、それまでにやってきた四年、五年をふいにして、また次に行くわけじゃない。自分の得意とするものの中で、レベルアップするのが非常にいいと思いますよ。だから、得意とするものを見つけるまでに、我慢ができなければ、一生逃げるだけの人生、っていうふうになるから、わたしは、あの時逃げなくて正解だったな。やっぱり逃避する、ってことを考えなくて良かったな。「あーあ、なんだかんだ言って、あそこで辛抱があったから、今があるんだなー」とかね。

だから、それまでですよ。そこまでのなかで自分が、どれだけか我慢をしている。見るからに本当にいうに言えない、誰だって辞めたろうと思うことは、会社におるようになって、必ず、引き出しの中に辞表を持っとる人がおると思いますよ。わたしだって、そうだったかもしれないし。みなさんそうですよ。同じことですよ。だけどそれを、辞表をひっこめ出し、ひっこめ出し、それでも踏んばりながら、そこんなかで、自分っていうものがある程度完成されて、そっからレベルアップで……。どういうふうに変わっていくかっていうのは、それはもういいですよ。わたしは何も言うことはない。

だから、自分に合った仕事を見つけて、いわゆる流浪の履歴書っていうものを見られる人は、わたしはいかがなもんかな、と。非常に今の人たちはね、フリーターだとかね、いろんなことをやってる人とか、非常にここが嫌ならあっち、っていう感じで。面接の時でも、うちも中途採用なんかありますからね。履歴見ると、結局、夢追い人だけで、終わっちゃって、自分が未完成のうちにね、非常に理想ばっかり追ってる人が、そういう人に多いような気がする。

じゃ、いっぺんでも、ひとつ我慢を乗り越えてね、いっぺんやってみたらどうかな、っていうのが、我慢ができないから辞める、っていうことじゃなくてね。一度、じゃ、我慢をね、二、三回我慢っていうのをクリアしてね、それから自分が完成に近くなってから、自分に自分の道っていうのはどういうふうに歩もうか、それはそれで、その人のすばらしいものになるだろうけども。それもなしに若いうちにね、「あーだ、こーだ」って言うことは……わたしはね、お説教を言うわけじゃないけど、自分がそういう経験をして、あの時、ああ我慢して、我慢してるから、今なんかちょっとやそっとのことが来てもね、「ああ、またか」っていう感じでね、乗り越えれる力っていうのが、知らぬうちにできてるところがありますよね。

だから、そういう転職っていうことについては、ある程度の年齢になって、自分でね、やりたければ、自分の力でやれれば、っていう感じはしますよね。それはそうとして、そういうふうな道のりをへて、徐々に会社も大きくなっていって、まあそれは別に、わたしが大きくしたわけじゃない。父親が、そしてみんなが、わたしも、その中のみんなの一人の歯車になって、大きくなってって、会社も一つ、二つとビルが建ってった。

社長就任

ちょうど、いちばんピークの時にね。ある日突然ですよ、役員会の席で、「社長になる自信あるか？」なんてことを、役員室で、唐突に聞かれてね。役員というメンバーは、みんな、わたしがそんなけ若いからね、そんなけ歴史ある人間の一人だったから、別に途中からね、娘だからって言って、ポッと入り込んだわけがない。共に歩んで、共に苦労した役員でもあるわけだから、みんな、お兄さんみたいな感じの人たちのなかで。全役員一致でね、「次期社長っていうのは、英理ちゃんしかいないとみとる」と。

それは、役員の中で実力ある人はみなさんいるけれども、やっぱりひとつ創業者っていう者はね、みえれば、その娘や婿がとらないと、統率がとれないと。力あるものは、いますよ。社長の器の人もいますよ。わたし以外にも。だけど、それでは変な派閥がてきてね、社内のモラルがおかしくなる。これがひとつ、家長制度って言ったらおかしいけれども、やっぱり親族が通してく、っていうひとつの利点ですよ。メリットっていうのかね。だから、これが全く別の、あかの他人が社長になったら、会社っていうのは派閥ができちゃうのよね。

だから、派閥っていうものを作らずに、会社の中でやってくとしたら、うちの場合は、息子がいないもんだから、会長の息子ってのはいない、長女、うち女三人ですから、長女しかないわけね。わたし、また古くから会社にいたわけですから、わたしが、「社長になる?」って言われたのは、三十六歳かな。

あの時にね……「ああ、ついに来たか」って思ったわけよ。社長に、よもやなるなんてことは、ないだろうなあ、っていうふうな期待、っていうか気持ちと。いや、妹にも婿さんがいるわけだから、妹の婿さんが社長になるでしょうなあ、って思っておったのが。いやまてよ、ひょっとして、っていうことがあった。そのひょっとしてが、三十六歳にいきなり来たわけだね。その時にね、「やってみる!」って言っちゃったんだよね。非常に楽観的に返事したかもしれないけども、ある意味では宿命と感じたね。ああ、わたし以外にいないんだろうな、っていう感じ。わたしが社長の器だとか、そういうものぜんぜん別個として、宿命を感じました。運命というか、宿命というか……来るべき日が来たぞ、という……。

あとはまあ、非常に苦労はしてますよ、今でも。最初の、この新年宴会とかね、社長就任の挨拶なんっていうのは、もう四〇〇人から五〇〇人お客さんみえて、そこで壇上でスピーチするのよね。だからそういうものを、昔取った杵づかで、結構スピーチしてるから、そう馴れてないことはないけれども。

もうみんな、鵜の目鷹の目ですよ。「お、オンナがしゃべる」って言ってくるのね。この業界、パチンコ業界、男社会よ、男ばっかなんだよ。パチンコのこと、はっきり言ってわたしね、そんなん全部分かるわけないですよ。はっきり言って、ギャンブルの世界。男ばっかの世界。なんだかもうよく分かんないうちに、社長に就任して、なにもかも知ろうと最初は片意地はって、いろんな所に顔だして、いろんな意見聞いて、社員全員と昼食会開いて、いろんな愚痴を聞いたりなんかしてたんだけども。

まあ、さっきも言ったように、愚痴っていうものが出ないような会社にする、ってのを、わたしの社長としてのテーマにまず打ち出して。あれだけ愚痴言われたんだからさ、大昔に。まあ、あれがすっごいインパクトになるから、あんなに毎日、毎日ね。今度はダイレクトに社長ですからね、このわたしが。もう言われたらたまったもんじゃない。わたし自身の批判をされとることになるわけだ、今度はね。絶対、何がなんでも、社員の愚痴が出ない会社にしよう、ってのが、第一目標。

だから、わたしには開発能力はないですよ。コンピュータも分かりません。パチンコというものの作りが、どのようにできたのか分かりません。営業で、わたしが出歩いて販売した経験もないです。わたしがやってるのは、総務、人事、給料、まあ、そういうものですよね。いわゆる課で言えば、庶務課、人事課、経理課。合わせて、総務課ですよ、総務部。そういった所ですよね。

だからそれでね、社長になってものすごく不安だったんだけども、やっぱり上場されてる企業なんだけど、だいたい何上がりなのかが、社長さんでもいろんな上場会社なんかでも、どこ上がりなのかが書いてある。例えば、営業上がりだとか、開発上がりの社長だとか、出てきますもん。トヨタだとかね、日産だとか、いろいろあるじゃない。上場企業の社長さん、次期社長だとかね。けっしてその婿さんだとか息子だとか、って限らずにね、いろんな人が社長になられる場合に、総務上がりっていう社長、けっこうみえるわけですよね。

社内整備

これだけ立派な大きな企業でも、総務上がりの社長だったら、絶対開発のことなんかね、知っとるわけじゃなくて、社長になっとるんだよな。とかって、自分で思い返して

「よし！」と。開発のプロフェッショナルをそろえるのが、わたしの仕事。営業は、営業のプロフェッショナルをそろえるのが、わたしの仕事。あと総務は、そこそこわたしができるから、どういうことをやるのか、もうこれは、みんなが、わたしだけじゃなくて、みんながみんな、プロフェッショナルっていう者がいるわけだからさ。そういう人たちを、いかに愚痴の出ない会社にして、企業にして、それで教育っていうものを社員に、教育して、愚痴が出るまえに社内整備をすればいいわけでしょ。そうすれば、愚痴出ないじゃん。気分嫌なこと聞かなくていいじゃん、ね。

だから、社長になったとたんに、何やった言ったら、社内整備。規則ごと、それから、給料の整備、賃金体系の整備。だから、いろんな規約作りももっと細かくね。おおざっぱな規約しかなかったですもん。ものすごく細かい規約を作って。社内規定なんかも、もうおおざっぱ、おおざっぱだったやつを、全部、こと細かく。こうした場合、ああした場合ね、そういう規定が作ってあればね、社員から、「こういうのは、どういうふうになっとるんですか？」って質問がきたらね、「いやあ、ちょっとよく分からない」っていうのが今までだったのが、「いや、こういうやつについては、こういう時はこうなって、こういうふうでこうなって、こういうふうだからこうだよ」っていうふうに社員に言えば、納得するわけよ。

社員っていうのは、そういうもんですよ。不安のものをしゃべった時に、返答が来ないと、不安っていうものが今度意見になり、意見が通らなくなると愚痴になるわけで、ね。そういう順番だ、っていうのは分かった。不安、不安からちょこっと意見、意見言っても通らなくなると愚痴になる。だから、その不安を取り除くことと、意見っていうものを意見で、どんどん言えて、っていうことを言ってるんだよ。

それと、わたしも社長になった時に、「うちの会社は、もうほんとに不備が絶えぬ。ものすごくある。みなさんが腹ん中にあること、もう本当わたしも思いますよ。みんなでね、いっぱいあるから直していこう」っていうのが、わたしの最初にぶち上げたスピーチだったの。「あるに決まってるじゃないですか」って言って、みんなに。だから、「これを整備しよう」って言うの。だから、「みんなも意見をどんどん言え」と。「意見言わずして、愚痴は言うなよ」と。これは、もう嫌というほど言ったね、「陰で言うな。意見で言え」って。だから、意見言ったら、こちらからどんどん吸収する体制持ってるからね。みんなで作り上げてこう、っていうのが、わたしのいちばん最初の社長になった時の、わたしの最初の自分の仕事だったね。だから、なんにも聞かずして、愚痴だけで終わらしとったらいかん。

だからその代わり、こっちもね、その上手《うわて》を行こうというふうに。わたしのことで、決してそれを給料高くしとるわけじゃない。規約ですよ。規定書。だから、そういう規定書作りをやっとる間に、会社内が組織作りになって、整備されてる。ていうのが、これはやっぱり、結果的には良かったな、っていうふうに。非常に曖昧、っていうのがいちばん社員にとっては不安がられる。曖昧じゃなくせねばね。それで社員の不安や不満もなくなると。

ドリンク・サービス

気がついたら、会社の中は整備されていく。それで組織立っていく。そういうふうになってきた、っていうことにたいしては非常に、うれしいなあ、と。だけど根本はね、「愚痴は言わせんぞ」っていうことにね。だから、愚痴が言いそうになりかける、予測して、その上手のことを、先手をうっていけばいいわけだから。だから、その前にそういう勉強しましたよ。労働基準法。労働基準法を徹底的に勉強して、労務の勉強も独学で勉強した。

すごーい！

これはね、勉強しといて良かった。自分が社長になるまえに、総務やってる時に、さんざんまだ愚痴ばっかり言われて。どうしたらね、愚痴を言われんようにしたらいいのか、ってのが、もうそもそもあるから。労働基準法ってものを勉強して、いわゆる労働者側、っていうのは変な言い方だけども、そういう働く側の権利っていうものが書いてあるわけよね、労働基準法っていうものには。まあ制定されて。その働く側の権利っていうものをマスターすれば、それより少し上のことを会社がしてあげれば、もう文句言いようがないじゃないですか。

だから、労働基準法を先に勉強したことは、その上手は、「あなたの文句っていうのは、おかしいよね。ここまで会社はやってますよ」ってことをパッと言えば、もうそれでいいじゃないですか。だからうちは、組合っていうものはでき上がってないし、それ以上のことを福利厚生ってことには力を入れよう、って言ってるの。入れる、っていうのがやっぱり、何も変な別荘をたくさんね、借りるだけじゃなくて、賃金体系から、休みの体系から、それからいろんな意味ですよ。

その、お弁当を……うちの場合、残業手当プラス、お弁当代つきですよ。お弁当代までつくんだよ。夕飯なんか。なんかね、ひとつ色をつけるんですよ、ね。たったそれだけのことなんだけども、やっぱり気持ちよく働いてくれるじゃないですか。例えば、じゃ、も、残業続きで、ものすごうみんなピリピリ体がえらいと。そういう時には、気持ちだけで栄養ドリンクを一本ずつサービスしてあげるとか。本当に気持ちだけど、会長やわたしがね、工場の中ひと回りしてね、「がんばってるね」って、一声かければ、それで社員っていうのは、それで気持ちが収まる、っていうことになるんじゃないかしら。

まあ、なんて言うかな、やっぱりずいぶん昔に、自分で嫌な思いを体験したことがね、今すごくそれが参考になってってね。より、そうならないものを前提として、前もってやれるっていうことが、わたしは、あの時は辛かったけれども……もうつぶれかけの会社でどうしようかという、もう社員から、ずいぶん愚痴も言われるし、いろいろあったけど。そういうすべての、その苦労っていうものが、やっぱり非常に、今は体験しといて良かったな。体験してくとね、また、えらそうなことも言えるわけ。「体験もしてないのに、おまえ、あの時の苦労も知らずに」なんて言えるじゃない。ねえ、「冗談じゃないよ。今ぐらいの、そんなあ、今の苦労、ぜんぜん苦労じゃないよ」とかって、ね。多少の苦難も、やっぱり企業だから、今でもありますよね。やっぱり波がありますから。「あ、冗談じゃないよ、あの時の苦労、あんた知らないもんね、「冗談、「冗談」とか言って、言えるんですよ。

それとやっぱり、わたしも社長になってね、途中からヒョッとなった社長じゃないから。やっぱり自信っていうか、そういうものを乗り越えてきた、自信っていうものがあるから。途中から、非常に上り調子の時に入ってきた社員なんか、たいしたことない。だから、ちょっとなんかあると、ちょっと波風が立つと、もうフワフワ、ってなるからね。「あ、もう見てて分かるから、もう止めとけ」とかってなる。だから、そういう人材っていうのは欲しくないし。やっぱり面接での見る目っていうのも、ちょっと変わった目で見るし。やっぱり、いい経験をさせてもらったなあというのが。

父じゃなくて上司

あの時は〝父親憎し〟でしたけどねえ、ほんとに。わたしばっかりに苦労させられるのかな、下の二人の妹は、完全専業主婦ですからね。ただの一度も、会社には出入りさせてないし、全く無関係にしているわけだから。どうして、わたしばっかりこんな苦労させて、妹たちは子供産んで、旦那さんの給料で、毎日、専業主婦で。なんでわたしはここまでやらなきゃいけないの、っていうことを。

だけどやっぱり、父親じゃないですよ。わたしの上司なの。これからも。家へ帰っても一緒。家へ帰っても仕事の話はするし。父親としての助言なんてないね。そんなあ、例えば、異性関係の話でもね、なんにも、なんにも言わない。いいとも悪いともなんにも言わない。だからもう、全部まかせっきり、っていうのかな、わたしがやることには。わたしが悩んでれば、相談に当然のってくれるけど、わたしが悩んでない、っていう状況であれば、ま、あいつなら勝手になんとかするだろう、みたいな感じで。悩んでるなら、素直にわたしも、この人しかいないわけだからね。だから父親じゃないわよ、その時には。仕事の上での悩みとか、そういうことしか話さないね、またね。

だから、わたしと父親の親子関係っていうのも、また普通の親子の会話じゃないと思うし、もってる感情もね、全く違うものだと思う。だって普通さ、父親が外に出たら、どんな仕事してるか分からないじゃないですか。うちの父親ってのは、全く娘や息子にね、自分のやってる仕事をあからさまにね、朝から晩まで見られちゃってるんだから。わたしの母がみてる以上にわたしは、父親の像を見てるわけよね。だからもう、勝つ手ないですよ、ある意味では。全部見ちゃって、お互いに。いい所も悪い所も。だから自分の奥さん以上に見てるわけですし、見られたくない所も娘に見られちゃってるわけだし……。こりゃどうにもわたしにたいする言葉っていうのはね、〝告発〟。そんなんやっぱり、普通の親子の会話じゃないと思うな。なんとなく、ちょっとえらぶったようなこと言ったら、「あ、冗談じゃないよ」とかやれるわけよ。「冗談じゃないよ」とか言って。だけどまあ、いつまでも父親とはね、張り合って、元気にやってて欲しいな、っていうのが、わたしの今の気持ちですよね。だから、いつまでもライバル、っていうふうな感覚でいなきゃ、父親がガクッとくるような気がするから。

甘える方が親孝行

だから、父親をとび越えちゃいかんというのが、今の気持ちだね。なんか、えらそうなことばっかりを言うけれども、とび越えちゃった時には、父親っていうのは急に衰えるような気がするから。まあ、とび越えるような器でもないんだけど、今はやっぱり、「甘えられる時には、父親に甘えてこ」っていうのが本音。本当に、自分がやってかなくてはいけない時が、いつか来るわけでしょ、ね。もう六十六だからさ。それが何年先かは分からないんだけど、いつかはあるわけだから。

現役でおるうちには、とび越えちゃいかん。甘えとらなきゃ損だな、ってね。そうしないと、一気に老けちゃいそう。だから、父親をいつまでも現役でおらせるために、あーだ、こーだ、って叱咤激励、ってのもおかしいけど（笑う）。ま、そんなふうで、父親、両親、親っていうものは、あんまり、親を安心させるような子供になっては、逆に親不孝かな、ってこと思うの。ていうのは、親をね、ある程度、心配ばっかかさせる子供のおる家の方が、親ね、長生きするんじゃないかなと。「あの子んたち、大丈夫かしら。わたしたちがいなかったら、あの子んたちどうなるのかしら」っていう感じの方が、親っていうのは長生きするんじゃないかな、と。「まあ、ほかっといても、あいつらは全部やるから、僕たちはあと二、三年の余生をどうやって」っていうような、そんな話をしてしまうようなことは、わたしは決して親には望んでない。「おい、いつまでも会社来いよ」っていう感じでね。「なんだおまえ、今日、なんで会社来ないの？」とか言って電話するわけよね。

だから、最近親子でゴルフやると、わたしの方がドライブ先に飛んじゃうから、ちょっとがっくりきてるからね。いや、そういうもんよ。そりゃ、ドライバーがね、おんなじ、レギュラー・ティーって言うんだけど、女性っていうのは、ひとつ前の方からやるんだよ。おんなじレギュラー・ティーからやってね、わたしが父親よりも、もうだいたい先飛んじゃう、だいぶね。それだけで最近ちょっとね、かなりダメージがあるから、「あぁ、いかん」とか。だから、そういうもんですよ。親を抜いちゃいかん。だから、生きてるうちはね、思いっきり頼ろうと。「いざ、鎌倉！」の時には、やらなきゃいけない時が、いつかはあるんだよ。甘えるうちは、甘えておく方が親孝行してるんじゃないかな、とわたしは思いますよ。変にね、前みたいに、小学生みたいに、優等生、優等生って言われたころはね、あれがすべてじゃないですよ。なにもかも、「あの子にまかせて安心」なんていうふうな子供で、今はいたくない。

三、おわりに

以前から英理子さんのことは、「頭が良くて、美人で、スタイルも良くて、モデルもやってたんだよ。エレクトーンの先生の免許も持ってるんだよ。本とかも、ものすごく一所けんめい読んでたんだよ」というような話を、祖父母や母から聞いていました。「とにかくなんでもできる人」という意識がわたしの中にありました。それで、今回のレポートがいい機会だと思い、お話聞かせていただくことにしました。

英理子さんのお話の中では、今までのわたしを思い返してみて、ドキッとするような部分があったり、会社の話で、これからのわたしに、とてもいいものを与えてもらえたと思います。

レポートのタイトル、「陰の努力者《もの》」（註…これは原題で、編集の結果、「オーナーの感覚」とした）は、少し失礼にあたるかもしれませんが、英理子さんの話口調などから、パッとひらめいたものをつけさせていただきました。お話を聞かせていただいたことに、とても感謝いたします。

☺大島彩☺

90年代中頃の受講生たちの作品集(1)

何か久しぶりに、こういう先生に出会ったという感じでした。だって、大学の先生は、自分の講義以外のことは余りしゃべらないし、人間っぽい接し方がなかったし。人間の心理をするどくとらえているな、というのが、先生のことを一言でいう、私の印象です。けっこういじめられた私だけれど、はっきり言って、全然気にしていません。けっこう授業に参加できて、受け身の授業ばっかりの大学で、貴重な思い出になりました。全部がこういう授業だったらいいのになあ。１時間半、楽しい授業をありがとうございました。私の評価は「A」です。

第2話

トントン拍子に

【語り手】今井郁代　一九五四年生まれ、高校教師
【聞き手】福冨真理・横山裕美子（十九歳）、短大一年生
【インタビュー】一九九九年一月七日、二十日

一、はじめに

わたしたちは、語り手を探すのに大変苦労しました。まずは、バイト先の社員の人に頼んだところ、「わたしは、人に語れるような人生を送ってないから、無理だわ」と断られ、つぎに、自動車学校の先生に頼んだら、「以前、椙山の子で頼まれて語ったことあるから、同じ人生語ってもつまらんやろう」と言われました。それで、高校の時の担任の先生に頼んでみたら、「平凡すぎて語れない」と言われてしまいました。

そこで以前、母の知り合いの娘さんが、IZAM（註…女性を中心に幅広い層にファンを持つビジュアル系ロックバンド「SHAZNA」のボーカル）のヘアメイクを担当していて、IZAMにつきっきりという話を聞いたことがあったので、母に聞いてみると、「そんな忙しい人に頼めない」と言われてしまいました。それで、考えに考えた末、司書の授業を履修していて、司書の仕事というものに興味・関心があったため、高校時代の司書の先生に頼んでみることにしたのです。そしたら、先生は快く引き受けて下さいました。

最初は、レポートの条件を何も知らずにやってしまったので、取材は、横山さんの知り合いの先生ということで、わたし（福冨）は参加しませんでした。しかし、先生に、「二人で取材に行かないと、やったことにならない」と言われて、もう後期試験も間近で、締切り日も迫ってくるなかで、すごくあせりました。それで、一回目の取材よりも、さらに突っ込んだ話を聞くために、もう一回頼んで、なんとか時間を作ってもらい、お話を聞かせて頂くことになりました。

☺福冨真理☺

二、ライフ・ヒストリー

まずは、生い立ちからお聞きしたいのですが。

はい。えっと、わたしは、長野県の青木村という山の中で生まれました。家から小・中・高と通って、大学は、岐阜の岐阜女子大学へ来ました。本当は、うちの辺の人は、みんな東京へ行きたい。東京の大学へ行きたいと思って、中学も高校もずっと過ごしてたんだけど。東京の大学は、見事、みんな不合格で。

それである日、不合格届けを持って高校の進路指導部の部屋へ行ったら、進路の先生が、「まだ、試験受けれる大学があるよ」って言われて。出してくれたのが、岐阜の山の中にある岐阜女子大学の入試案内で、それがもう三月の一〇日ぐらいだったと思います。当時としては、あそこの大学が二次募集をするのが日本中でいちばん遅くて、試験受けに行ったのは、三月のもう二〇日近かったと思う。

わたしは浪人するって気があまりなかったたし、それに育ったのが田舎だったので、女の子が浪人するっていうことはできなかったんやね。それに、今からもう二〇何年も前なので、女の子は四年の大学なんか行かんでもいい。短大かなんか出たら、早くお嫁に行けばいいっていうぐらい、古い考えがまだあったたし。それに田舎だったので、そんなあっていう感じだったたので、浪人することはたぶんできないし、親も許さないと思ったので、もう何が何でも、どっか入っちゃおうって思って、それで受けに行きました。

バレーの青木中学

そしたら、発表はもう三月の末ぐらいだったと思う。みんなはもう、どんどん大学受かって、受かってる子はアパート決めに行ったり、東京の方へ出発していく。なのにわたしは、まだその時、合格発表も来なくてどうなるんだろうって。長野なので、五月の連休ぐらいに桜が満開になるのに、わたしは桜をどこで見るんだろうって思って。とても不安だったんだけど、合格して。

入試に来た時に、「わあー、田舎」と思って、東京へ行きたいっていう思いがあるから、「もう嫌だなあー。こんな所で青春時代を送るの、嫌だなあー」と思ってたから。でも、「もう、いいや」って思って入ったんです。わたしは、中学も高校もバレー部だったので、体育の女の先生になりたいっていうのは前からあって、日体大とか、ああいう体育系の大学を出たいなあって思ったけど。身長がそんなに大きくなかったのと。それから今でいう、スポーツ・テストが、他のバレー部の友達は、一〇人ぐらい同級生がいた中では五、六人ぐらいが、今でいう一級だったと思う。

やっぱり、バレー部が抜きんでて運動神経が良かった中で、わたしは、なれなかったから。先生が、「バレーは趣味でいいけど、それを職業にすることは、僕はあまり良くないと思う」って言ってくれたのと、「体育の女の先生は、お腹が大きくなったりした時に、炎天下で立ってやらないかんで、なかなか大変やぞ」って、高校三年の時の担任の先生が言ってくれたので。わたしは理系じゃなかったので、ずっと三年生になってからかなあ、そういうふうな文学部へ行くって決めたのは。もともと、そうできなかったんだけど。

それで大学へ入った時に、たぶんね、五〇人募集だったところへ三十七、八人しか来てなかったと思う。だいたいみんな、第一希望は、どっか違う大学で落ちちゃった子ばかりっていう感じで。岐阜大学がダメだったっていう子が多かったんやね。だから、岐阜県でいうと、郡上高校、長良高校、関高校っていうぐらいの、そこそこの進学校で岐阜大学とか狙ってたんだけど、落ちちゃった。

それか、それもまた不思議だなあって思うのは、一人娘とか長女で、教員か公務員になって、またそういうのになれなかったら、銀行にお勤めして、養子を取ってっていう感じの子たちが多かったから、わりと品がいいっていうか、お嬢様。特に国文なんかは、そんなふうで、今でも大学の先生に品が良かったって言われる。ガムをかみながら歩くってことはなかったし、着る物も、わりとみんな品が良くて、お嬢様ふうだったから、わりと嫌な思いをせずにすんで。合格発表したら、次の日、バレー部から電話がかかってきちゃって。バレー部が、あそこはまだできたばっかで、四年。同好会から一応、部になったぐらいで、「ぜひ、バレー部入ってくれませんか」って言われて。

わたしは、バレーの話だと、中学は名門中の名門で、わたしたちの先輩は、県大会で、ひとつ上の先輩たちは準優勝で、もうひとつ上の先輩たちは、優勝してて。わたしたちはその学年よりも良いと言われていた学年だったのに、地区予選で負けちゃったの。それでユニフォームの重みっていうの?! その、先輩が着たあのユニフォームを、わたしも着たいっていう、部活やった者なら、特に感じると思うんだけど。

わたしは、あの何番のユニフォームを着たいっていうふうで、一年生から三年生に憧れて練習して、結構、期待もかかるじゃない。それなのに負けちゃってさあ。もう本当に、一晩泣いちゃって、自分たちも一年生の時は、先輩たち三年生が県大会で優勝した時の、あのキャーッていう感動は味わったし。先輩たちは県の決勝戦で負けた時の、あの悔しさがあって。でもその時は、いよいよわたしたちの番だって感じで、わたしたちが優勝しようっていうふうできたから、練習もきつかったしねえ。それをもう、夢見て信じていたから、それなのに、まさかの地区予選で負けるなんて思いもしなかったから。

それでねえ、ポッカリと穴が開いたっていうか。それでユニフォーム返したりして、もう高校では、バレーはやりたくないと思っていたけど。高校でもやっぱり、わたしたちが青木村の青木中学校っていうんだけど、青木中学校出身者を何人部活に入れるかっていうのが、高校が強くなるかどうかになるわねえ。だから、「ぜひ入って、入って」って言われて、高校三年間やって、もう大学ではやらないって思ったけど、また、「やって下さい、やって下さい」って言われて。特に二年生のセッターが、ケガか病気か何かでやってなかったから、四月に入部して六月ぐらいから、もうトスをあげていたんだけど。

そしたら中学三年、高校三年で、まる六年やって、遊ぶってことが全くないんやね。友達と映画観に行くとか……。お正月の三日ぐらい練習がないぐらいで、あとは試験前ぐらい。高校なんかでも、明るいうちに帰れるのは、試験中と試験前の一週間だけで、もうぜんぜんないんやね。大学一年生の時は、気合い入れてやってたんだけど、二年生になったら二〇歳になるじゃない?! それで、わたしって何?! って。なんで二〇歳にもなって、こんな短パンはいて、バレーやっとらんとあかんの?! って思い始めて、やめたくなって。やっとそこでやめて、バレー部とは縁が切れたの。それでやっと、友達と映画観に行くとか、お化粧をするとか、やっと娘らしい感じになって。

司書の資格

それまでの先生は、どんな感じの人だったんですか。

大学では、わたしと言えば、バレー部。中学の友達も高校の友達も大学の友達も、わたしの名前が出れば、必ずバレー部のっていうと思うぐらい、わたしとバレー部はくっついていたんだけど。わりと品の良かった友達が多かったので、気も合って、四年間わりとスムーズに過ごしたんだけど。

大学の雰囲気が先生に合われていたのですね。共学から突然、女子大に入学して、違和感はありませんでしたか。

うん、そういうのはなかったね。先輩とか友達にも恵まれたしね。大学のバレー部の方じゃない、学部の方の先輩にもいろいろアドバイスがあって、司書になるっていうのは、わたしは思いもつかなくて、自分では。ところが、三重県の方から来ていた女の子が、同じ高校の先輩がいて、わたしは、大学には、一人も自分の先輩っていうのが誰もいなかったんやね。友達も誰もいなかったから、たった一人。長野県出身の人も誰も知り合いおらんかったんかなあ。だからすべて、自分のことは誰かからアドバイスもらうとかなくて、まったく新しい先輩を開拓していかなくてはいけなかったのが、わたしにはすごく良かったと思うんだけど。

長野出身の知り合いが一人もいないというのは、入学当初、不安じゃなかったですか。

入る前は、やっぱり、少しは不安だったよ。でもやっぱりね、わたしの過去を知ってるっていうか、高校時代の友達が一人もいない大学に入ったたっていうのは、まったく自分を変えることができるんだよね。入学式の日から、女の子って大変じゃない?! 「あのー、こんにちは」って言って、「お友達になってもらえませんか」なんて言ったりするでしょう。ああいうのが、結構、声かけられちゃってさあ。見る感じから、いい子に見えたのよ。とっても(笑う)。「明日もこの席に座りませんか」とかって言われて。入学式の次の日のガイダンスなんかも、「一緒に座って下さいね」って言われちゃってさあ。「あら、いいですよ」なんて言って、仲良しになったりしてさあ。その友達なんかの先輩が、「司書の資格を取るって。「わたしは、大学三年生になったら、司書の資格を取るの」って言うわけ。

先生が司書になられたのは、その友達の影響だったんですね。

そうねー。あの子がいなかったら、もっと別の道に進んでたかもね(笑う)。高校の時、運動系でしょう。中学もそうだから、中学の時、図書館に司書という先生がいたのは記憶にないけど、高校の時は、みえたことはみえたの。でもわたしは、自分が図書館に行かなかったから、どういう仕事するとか、そういうことはしっかり見てなかったんやね。ところが、その友達が言って、あっ、司書って、ああいう仕事する人なんだあってことが分かって。それには資格が必要なんだってことが分かって。

資格は、岐阜女子大学では取れない。名古屋の愛知学院大学の夏期講習に行くか、通信なんかで取るしか、わたしたちには道がない。それも短大卒以上の学歴が必要で、大学三年生になってからじゃないと取れないってことが、友達から聞いて分かったんやね。友達は先輩から聞いて分かったんやね。友達は、みんなだいたい教員になるか、司書になるか公務員になる子が多かったけど、なるべく資格はたくさん持ってた方が、試験がたくさん受けられるからいいということで、先輩たちはいろいろ資格取ってたと思うんだけど。

それで三年生になった時に、二年生の友達が、「愛知学院大学へ一緒に取りに行こう」って言うんやね。でも、行けばやらしてくれるんやなくて、試験があったの。講習を受けるための。それは英語と国語と作文だったと思う。それで受けに行ったんやて。そしたら、みーんな落ちちゃって、最も学力のなかったと思われるわたしが、試験に一人だけ受かったの。ほいで、わたし、岐阜市北部の高富という所に下宿してたから、高富から愛知学院大学まで遠いでしょう。それで、一人で行くの嫌だったんだけど、せっかく受かったから、やめるのももったいないと思って、夏休み通うことにしたの。

高富から愛知学院大学までだと、かなり大変だったのでは。

うーん、本当にえらかった。でも、せっせせっせ、と通ってさあ。二〇〇人ぐらいいっぺんに講習受けるんだけど、まるっと二か月。七月の一日から八月三十一日まで、びっしり講習があるんだけど。その中で三年生は、たったの一人だったと思う。あとは、いま現場……図書館に勤めていて、司書の資格がない人が、どうしても司書の資格が欲しいってことで来てる人が最優先で。三年生はなかなか合格させないって感じだったから、一人だったと思う。最後のあまった枠に入ったんだわ。だから、すごかったんやわ。自分でも奇跡に近かったと思って、今でも不思議なんやけどさあ。あの時には、バレーやめて良かったなあって思った。バレー部やってたら、たぶんダメやったなあと思うんだけど。

そうそう‼　その時、名鉄電車の中で痴漢にあっちゃって……。わたしは痴漢なんかにあう所に住んだことがないじゃない?!　この信州の青木村のさあ、どえらい山の、痴漢が出ることもないような所にいたし、大学もあんな山の中だから、満員電車に乗ることもないじゃない?!　だから名鉄電車の中で痴漢にあった時、ガガーンとショック受けちゃって、次の日、休んじゃってさあ。休んだその日、単位の試験だったの。結局はダメで、四年生の時は一応去年の不足分だけなので、一単位だけ取れば良かったんやね。

だから、四年生になった当時、行って、その分で三年生も終わり、四年生も過ごして終わりかけて、夏休み中に……わたしは長野県の教員になろうと思ってたので……長野は、高校の教員と小・中の義務教育の方と二本で受けれたから、二つ受けに行ったけど両方ともダメで。まだ、就職決まってなかったんやね。わたしは、岐阜県にあんまり残ろうって気はなかったの。

えっ?!　なぜ、岐阜県に残りたくなかったのですか。

友達が遠くから来てるじゃない。北海道とか、遠くから来てる子と仲良しだったから。岐阜県出身の子とは二、三人仲良しだったけど、特別仲良しって子はいなかったから、別に岐阜に残る必要はなくって。できれば、実家の方へ帰って就職したいと思って、岐阜県は教員も受けなかったの。ところが秋になったら、県立図書館か県立高校へ配置する、司書募集っていうポスターが貼られたの。でもわたしは、岐阜県に残る気はさらさらないから、そんなポスターがどっかの廊下に貼られても、興味も関心もなかったんやね。

そしたら、大学の卒論についた先生が女の先生で、「あの子は、司書の資格取ったのに、採用試験受けないなんてダメだわ」って言って。わたしはその日、大学にいなかったから、友達に、「あの子と仲がいいんでしょ?! わたしがそうやって言ってたから、採用試験をぜひ受けなさいってことを伝えて欲しい。帰りに寄って、彼女に言っといて欲しい」って言われて、帰りに車で寄ってさあ。郁代っていうので、郁ちゃんって言うんだけど、「郁ちゃんに伝えたかどうか分からないといけないから、必ず採用試験は受けてね」って言われてさあ。

そんで増田っていう先生が、「まだ就職が決まってないなら、司書の採用試験を受けるべきだ。あんなに大変な思いをして司書の資格を取ったのに、採用試験を受けないなんていけない。もう受けなさい。あんた、ちゃんと伝えてちょうだいよ」ってすごく言ったから、「ぜひ受けてね」って言ってた子が、とてもいい子で、わたしは車に乗らなかったから、その子がわたしに、「早く助手席乗って」って車に乗せてくれて、県庁まで願書を一緒に取りに行ってくれたの。県庁の受付に行ったら、「教育委員会に行って下さい」って言われて、願書もらってきて。わたしは、大学もすっかり落ちたしさあ、教員採用試験にも落ちたし、試験に落ち続けてるもんだから。そんな競争率高いようなもの受かるわけがないって思ってたもんだから……。でもまあ、受けりゃあ、先生も満足するし、受けてダメなら、さっぱり信州へ帰ろうって思っていたから。

あー。やっぱり、信州の実家へ帰りたかったんですねえ。

そりゃあ、やっぱりねえ……。実家の方は、妹が京都の大学に行って留守になってたし、弟は、高校生だったけど東京の大学へ行きたいって言ってたから、父と母だけになってしまう。まあ、おじいちゃんとおばあちゃんはいるんだけど。だから、やっぱ、きょうだい誰か、実家へ帰った方がいいと思ったし、帰りたいと思ってたからねえ。だから、岐阜県の採用試験にあんまり情熱を燃やしてなかったわけ。

前の日まで、十月ぐらいだったと思うけど、柳ヶ瀬で一杯呑んでたのよ。そしたらさあ、友達が、「郁ちゃん、採用試験いつ?」って言うから、「明日」って言ったら、「もう帰ろ、帰ろ」って言って、みんな、お開きにしてくれて帰ったわけ。わたしは、勉強なんにもしてないわけ。だって、受かる気はないんだから……。

採用試験で、岐阜高校行ったんやね。岐阜高校がどこか分からないんやて。わたしは、岐阜の出身じゃないから。わたしは、長良北町という所に下宿してたのに、一回、新岐阜まで出てからタクシー乗ったの。今から考えると、北町から乗ればすぐだったのに。

行って採用試験受けたら、いっぱいいてさあ。「こん中で、何人受かるんですか」って聞いたら、「若干名です」って言われて。採用試験受けたら、英語なんかまったくできんなあって思って、あかんなって。それがマークシートだったのよ。パカン、パカン、パカン、パカンって感じでやったの。そんで、もうこりゃああかんんって思って。

長良高校へ

卒論出してから、十二月の冬休みになって、東京のおばちゃんの家に遊びに行ったの。そしたら、県庁の人が実家に電話してくれて、「おばの所へ遊びに行ってます」って言われたらしくて、県庁の教育委員会の人が、わざわざ東京まで電話してくれたの。「一次試験に合格したから、二次試験は、いついつです」って。「こういう試験があるので、鉛筆を持ってきて下さい」って言われて。一次試験、四人だけ合格だったの。「このうち二人だけ採用します」って言われて。

四人でさあ、面接とか終わったあと、一緒にいるもんだから仲良くなっちゃって、喫茶店かなんか入ってさあ。「誰が落ちても受かっても仲良くしようね」なんて言っちゃってさあ。言ったけど、結局、誰も仲良くしてないよ、ははは。そのうち二人、わたしともう一人の子が受かって、一応、春からは職があったのね。どこの高校へ赴任するのか分からなくて。

そしたら、しばらくして、「土岐の方か多治見の方なので、アパートなんかは引っ越せるように準備しといて下さい」って言われたから、準備してたの。そしたら、長良高校だったのね、最初の赴任が。アパートなんか大家さんに、どうもお世話になりました、なんて挨拶して。そしたら、つぎに青山《せいざん》中学の先生が、わたしのアパートにもう入ることになってたの。だから、出てって下さいってことなの。わたしなんか、どこ行くか分かんないから、出てもいけなくて。

そしたら、長良高校ですって言われて。だったら、そのまんまいれば良かったんだけどねえ。でも、どっか行かないかんの。その先生が来ちゃうから。友達が住んでいた、いちばん誰も入りそうにないボロボロのアパートへ、空いてたから行って。まずは、荷物入れて。それが今から二〇年前のことで、長良高校行ったの。わたしは、あの頃とってもきれいな「標準語」をしゃべってたの。生徒に、お掃除の時、「さあ。これからお掃除をやりましょう」なんて言ったら、生徒が、「ハアー?」みたいな顔をしてて、それからメキメキと岐阜弁も上手になってってねえ。今ではすっかり、岐阜弁も話せるんだけど。

そんなふうで長良高校行って。

それでは、岐阜での生活は充実していたと言うわけですか。

でも、わたしはまだ、長野県の就職には未練があったから、四月に就職した夏ももう一回、司書と教員両方受けたんやて。そしたら、みんな全滅で、そんで、しょうがないなあと思って。わたし、その夢、捨てた。でもまだ、二十二、三とかで、若かったから、生徒と一緒なのよ、まったく。生徒と一緒に金華山登ったりとかねえ。わたしは、クラブがバレー部だったから、生徒と一緒に長良川へ遊びに行ったりとか、そこで歌を歌ったりとかねえ。生徒と自転車に乗って、畜産センターとかいっぱい行ってさあ。

それで、まる二年が終わりかけたんやね。終わりって時に、主人が講師に来たの。長良高校に。パタパタッとつき合い始めて、まるっと一年たって結婚したので、まるっと三年お勤めして結婚したから。転勤もなく、長良高校に七年いたの。それで、今ここ（註…各務原西高校）へ来て。

蛙の恩返し

先生にとって、人生の波とは何ですか。

うーん……。司書になったのも、縁といえば縁で。友達が、「わたし、講習受けたいわ。ぜひ三年生になったら受けるの」ってその子が言い続けたおかげで、わたしも、みんなが受ける受けるっていうから、遊び相手がいなくなっちゃうからって感じで受けたのに。それが資格になって、自分に身についた。

それから、採用試験もその先生がポスターを見て、わたしにぜひ受けるように言ってちょうだいねっていうふうに、友達に言ってくれて。その子がわざわざ家に寄ってくれて、願書一緒に取りに行こうって言ってくれたおかげで、採用試験もなんとか受かって。長良高校へ赴任したのも、縁っていうか、ただの偶然なのに、先生や生徒にとっても恵まれてたから、すくすく育てられたって気がするのね。これが大変な学校ならば、もう辞めたくなっちゃう。

特にわたしなんか、下宿してたでしょう。だから、家族とか周りにいないから、悩みごとも自分で解決していかないといけないってふうだったけど。そういうのが、悩むほどの学校ではなくて、生徒もすごくいい子たちで、周りの先生もやさしかったので、悩みもなく仕事も続けられたし。たまたま、主人が現れたので、そこでパーッとつき合い始めて結婚したの。波がないのよ、人生に。偶然が、うまいこと重なってきて。

それで、わたしがいちばん思うのは、司書の資格を取りに行く時にさあ、わたしは三年生の時に、ほとんどの単位を取っちゃったわけ。友達は三年の時合格しなかったから、四年で受けるやない。わたしは、四年の時は、たった一単位落としただけだったから、二日半ぐらい、落とした単位だけ取りに、愛知学院大学に行ったの。みんなは一日中おらなならんのやけど、わたしは、お昼でその講習は終わったんやね。みんなでごはん食べて、わたしだけ先に帰るわって言って。

愛知学院大学のバス停まで歩いていったら。蛙がねえ、ピョンピョンと跳び出してきたの、道へ。その瞬間、蛇がのもうとしてたんやて。蛇がピューッて時に、わたしがキャーッて言ったから、蛇が逃げたの。蛙がピョンピョンって、草むらへ入ってったの。わたしは、内心、蛙助けたわって思ったの。蛙の横通って、バス乗って藤ヶ丘駅まで来て、藤ヶ丘から地下鉄乗って名古屋駅まで来たの。

いつもは名鉄電車だから名鉄乗ろうと思ったら、名鉄は、夏だったので雷が落ちて止まってたの。わたしは、こりゃあダメだと思って、ＪＲに動いたの。そしたら、ＪＲも名鉄の分が動いてるから、もうポンポン。平日の昼だったのに、ポンポンだったの。その時、わたし、手に日傘持ってたの。日傘を閉じようとしたけど、閉じることができないぐらい混んでたの。でも、開くと迷惑だなと思って、わたしの体にひっつくぐらいに持ってたの。それで、ずーっと岐阜駅まで来たんやよ。岐阜駅着いて日傘開いたの。そしたらさあ、日傘の中になんか入ってるの。よく見ると、お金が三〇〇〇円入ってたの。それも、まったくの裸で、千円札が三枚ペロンと入っているの。えっ?! って。

わたしはその時、ほんとにお金がなくて、あの頃ねえ、岐阜駅からアパートに帰るのに、バスが八〇円か六〇円だったと思うの。さっきの話の、わたしの願書を一緒に申し込んでくれた子に、「悪いけど、お金貸してくれない?」って言って。わたし、実家に帰ろうと思って、母に電話したら、振り込んでも次の日になるじゃない。銀行で。だから、「なんとか帰っといで」って言われて、「じゃあ、友達に借りて帰るわ」って言って。その友達が夜、お金貸してくれるって。

あの頃、電車賃は、三五〇〇円から四〇〇〇円ぐらいだったのね。「じゃあ、五〇〇〇円貸せばいいよね。夜、持ってってあげるわ」って言ってくれて。JRに降りた時は、百円玉一個しかないはずなのに、千円札三枚入ってるわけ。「ありゃ。なにこりゃ。もしかしたら、ニセ札かもしれない。誰かがわたしを試してるかもしれない」と思って、慌ててて電話ボックスに入って、ながめて見ても、どうも本物くさい。でもわたしは、自分のお金を持ってるはずがないと思って。ケーキ屋で昔バイトしてたもんで、たち寄って、「千円札、見してくれない？」って言って見ても、どう見ても同じなの。それでケーキを買ってうちへ帰った。

夕方、友達がお金持って来たんやね。五〇〇〇円借りて、さっきの三〇〇〇円のケーキ買った残りで、「わたしが今日は、夕飯ごちそうするわ」って言ったら、「なんでー。お金ないんでしょ」って言われて。それが、こういう理由で、わたしは蛙の恩返しだと思うんだわーって。蛙が、わたしには何がいいんだろうなあーって思って、恩返しとしてお金をくれたんじゃないかなあって。蛙の恩返しだよねえって言って。

でもわたしが思うには、あれはね、たぶん男の人でポケットに裸でお金入れてる人がいて、その人が満員電車の中で、定期かなんか取り出そうとして、落ちて偶然、わたしの日傘の中に入って、としか考えられないんやて。わたしは、あのお金のおかげで、金は天下の回りものってことが実感としてできてねえ。

元気でパンパーン

そういうことで、やっぱりわたしが司書になるっていうのは、トントン拍子にいったって気がするわけ。いま司書になりたいって子なんかたくさんいるもんだから、岐阜県の採用試験なんかみても、日本中受けて歩く子がいるよね。だから、わたしは何県出身って子がいっぱいいるんだけども、わたしは取る時も、自分だけ三年生の時に講習を受けて、ほとんど単位が取れたのと、四年生の時の蛙の恩返しもあり、採用試験の時の、その先生や友達の協力もあり。偶然的に受かったっていうんで、なるのはトントントンっていう、なんの不自由もなくきたんだわね。わりあい遠い所も行かずに、近い所で勉強できたし、生徒にもとっても恵まれているので、ほんとに嫌な思いもせずに来ていてさあ……。だから、苦労話っていうのはあんまりなくて。

でも、元気なのは、大事だと思ってる。わたしの思いでは、図書館へ来て、わたしが暗い顔をして座っていると、生徒も嫌だと思うんだわ。「図書館行こっかなあ」って思うのは、そりゃあ、本読みたいってのもそうやし、なんか調べないかんとか、授業中に内職したいで本読むとか、いろんな事情があるんだけど。やっぱり、そこにいる人が暗い顔してるよりは、明るい顔してた方がいいに決まってるもの。だから、わたしは、別に自分が明るい顔してようと、あんまり根っから思わなくても、自然になっているのは、今までに、はっきり言うと苦労はない。ほとんど、苦労はないからだと思うんだけど……。

暗い顔してると、そこに不幸がつけこむような気がしてさあ。だから、不幸は元気でパンパーンと追い返して、ってぐらいの気持ちでいるんだけど。それと、体が丈夫ってことは大事なことなので、それも親に感謝しなきゃいけないことなんだけど。でね、なるようにしてなったというか、何の努力もしずに、自然にコロコロと上手にころがって、偶然的に採用試験は受かったと。岐阜県にいることになり、岐阜県民になり、まあここに座ってるんだけど。

〔以上、第一回インタビュー記録〕

先生は、結婚してからも、ずっと仕事を続けてこられたんですよね。

はい。そうです。

それはやっぱり、仕事が好きだったからですか。

うん、仕事も好きだし、辞めようと思ったことは一度もないです。わたしはね、女の人も原則的には、ずっと働き続けることがとっても大事だと思う。ほら、よく男の人の中には、専業主婦の奥さんに、「誰に食べさせてもらってるんや」とかなんとかって言う人がいますが、やっぱり女の人も、自分で食べる分を、自分で社会的に稼げるって、とっても大事なことで……経済力が同等でないと、家庭の中でも同等でなくなっちゃう、と思うので……。

仕事を続けることに、家族の意見は、どうでしたか。

賛成だった。家は条件揃ってたね。やっぱり、いちばん元気に、働き続けられる条件としては、子供が丈夫っていうことで……子供が病気の時は、本当にもう困っちゃう。子供から離れられないしねえ。特にわたしの場合は、学校に一人なので、わたしにしか分からない仕事っていうのが山のようにあって、わたしが休んじゃうと、図書館全部の機能が止まってしまう……ということがあるので、なるべく休まないようにしてるんだけど。

子供との共働き

でも、子供が病気の時には、やっぱり看病しなきゃいけないし。今はずいぶん、もう子供が大きくなったんで、ぜんぜん長いこと休むこともなくなりました。やっぱり、共働きっていうのは、わたしが思うには、旦那と奥さんとの共働きなんじゃなくって、子供との共働き。子供とお母さんとの共働きが本当の共働きだなあって思う。

同時にね、三つ揃わなきゃダメなのは、まず、子供が丈夫なこと、わたし自身が丈夫なこと。それから、子供の面倒を見てくれるおばあちゃんとか家族が丈夫なこと。この三つが揃わないとなかなかねえ、女の人はねえ……今の世の中では、働き続けることが大変で、やっぱり退職のいちばんの原因は、子供が弱いってこと。子供のためには、やっぱり辞めざるを得ないっていうことで。ちょっとした風邪とかなんとかならいいんだけど、重度な障害を持って生まれたとか。こう……今あるのは自閉症とかそういうことだと、預かってもらえる施設とかがないと、どうしても、お母さんがやらなくちゃいけなくなっちゃって、辞めちゃう人がいるんだけど。

まあ、うちは子供は丈夫だったし、あたしも主人もおばあちゃんたちも、みんな丈夫だったので、なんとかこれまでは共働きが続けてこれて、これもまあ、ラッキーというか、うーん……まあ、恵まれたっていうことだけだと思うんだけど。働かないとやっぱりね……わたしは、女の人もやっぱり経済力は持つべきだと、いつも思っていて、まあ、うちではもう当たりまえっていうか、働き続けることは、当たりまえってふうで……。

それとこの間、あたしが実家へ帰った時に、高校の時の友達とか、幼なじみの子とかから聞いたら、みんな結局……例えば働いていないない友達が一人いたんだけど、その子は会社も辞めちゃって、それで自分の家にずーっといる。そうすると、そこに、お姉さんは、養子の旦那さんと二人で住んでいる。そして、おじいちゃん、おばあちゃんと、あたしの友達と、お姉さん夫婦とお姉さんの子供、甥っ子、姪っ子といるのね。そうすると、働いていない、収入がないっていうことは、ものすごく引け目になっちゃう。

特に、「誰に食べさせてもらってる」って……まあ、旦那に食べさせてもらっているっていう自覚なら、まだ自分だって家事やったりして、対等に働いてるわって思えるんだけど。その家族、その親とかきょうだいに食べさせてもらっているっていうのは、とっても辛いことで……。働いていなければ、病気の時の保険もね、社会保険じゃないでしょう。そういうふうでね、なかなかねえ。働かない女性が結婚しなかった場合、すごーっく不幸になってしまうので。ぜひあたしは、女の人は、結婚する、しないは、まあ別として、働き続けることが大事だと思う。どんな形にしても……。

呼ばれないフルネーム

それとさあ、働き続けていれば、働いているから、あたしたちはまあ生徒ともこうやってしゃべれるし、学校の中で同じ同僚の先生としゃべったり。それとか、特に、あたしたちは転勤があるので……転勤もねえ、嫌やなあ……って思うけど、転勤するたびに友達が増える。生徒も入学してきて、三年生になって卒業してしまって、さみしい気がするけども、そのたびに新しい子たちが入ってきて、年賀状の数が増える。

転勤していくのも嫌だけど、あっ、これは長良高校の時にお世話になった先生だわっとか、あっこれは、岐阜工業高校の時の先生だなとかっていうふうで、年賀状がねえ、増えていくっていうのは、やっぱり……あっ、勤めてて良かったなって思えるし。それとさあ、なんて言うのかなあ……家ばっかりにいたら、まあ、それが当たりまえになるんだろうけど、外へ行くこともないし、家族以外としゃべらないっていうのも難しいよ。

先生も、家ばっかにいた時があったんですか。

うん。赤ちゃん産んだ時だけだけど。その時思ったのが……うーんと……赤ちゃんを産んで家にしばらくいた時に、自分って名前がフルネームで呼ばれない。「○○君のお母さん」「智君のお母さん」とか「今井さんとこの奥さん」って。「奥さん、奥さん」と呼ばれるの。それがあたしたちは、ほんの短い間、赤ちゃん産んでしばらくの間だから、そういう時はそういう時で、「ふーん。こういうのが主婦の感覚」とかって言って、思っていればいいんだけど、あの状態がずっと続くのはねえ……。

辛いですか。

そうだね。あと、病院なんかでね。今度、自分が病院に行った時に、なーんか、間違えちゃってね、子供の名前を書いちゃう、って時があったよ。あと、夫の名前を書いてしまう……とかね。保護者っていう所が、夫の名前を書くんやね、子供が小学校入る時に。うん、だから、小学校入る時に、子供の名前もいーっぱい書いて、保護者とかそういう所に、いーっぱい夫の名前を書く。自分の名前なんか書くことがない。お母さんは書く所がないのよ。家族欄、家族一覧みたいなのを書く時は、自分の名前も書けるんだけど、保護者は夫だし、本人は子供だと、自分の名前を書くことがなかったから。そういう生活をちょっとして、現場復帰してきた時に、病院行った時みたいに、自分の名前書かずに子供の名前書いたり、旦那の名前書いて間違えちゃったりして、「あら、やっだあー」って思う時あったし……。

高校で勤めていれば、あたしはあたし。○○君のお母さんでもなければ、△△さんの奥さんでもないっていう生活、あるけれど、そうじゃないと……ないよねえ。とか、よく思うのは、よく旦那さんの銀行口座からお金をおろす時ねえ……。たぶんキャッシュカードも、旦那さんの名前のキャッシュカードを奥さんが持っていて、奥さんがみんなおろすんだけど。まあ、家計をやっているのは奥さんだけど、そういう人って、自分の名前の通帳とかってあるのかなあって思って。旦那さんの給料の振り込みの通帳は、もちろん旦那さんの名前だろうし、そしたら、奥さんの財産って何なんだろう……って思うしねえ。

あたし作る人？

うちらは結婚してから、主人はわりと合理的。その……主人は、理科の生物の先生なので、男と女っていうのは違いはあるけれども……あるものはもう当然だよね。動物としてオス・メスっていう違いがあるし……けどそれは、まったくの偶然であって、オスに生まれるもメスに生まれるも、そんなの本当に偶然だっていうことは分かっているので。男とか女とかっていうことは、根本的には差はないっていうか、差別はないと思ってる。

けれども……それでもっ！　それでもね……あのー、なんて言うのかなあ……。なんでもやるんだよ。洗濯もやるし、台所にも立つし、買い物にも行くし、何でもやるんだけれども。なーんか……例えば、両方がちょうど、職員会議とかが同じ曜日にあって帰ってくると、「今日、夕飯なにー？」って言ってきて、「なーんでえ！　あたしが作らないかんの?!　夕飯なにーってどういうこと？　それ。あたしが作る人、あんたが食べる人って、決まりきったように言うじゃないの！」って。

同じように疲れて帰ってきても、なかなかねえ……その、「今日、夕飯何にしようか」とか「何作ろう」とかっていうふうにはならないね。「今日、夕飯なにー？」って言って、いかにも、自分は作る人じゃないっていうふうな感じで、そういうのって、とっても感じ悪いし……。それとか、「僕なんて、よく手伝う方やて」って言うけど、手伝うやないんやて！　家事は、みんなが平等にやる仕事なんやって！　手伝うっていう言葉は、片方が主であって、手伝う人は自由で、手伝う人はただ「手伝う」っていう感覚しかないけど。本当は、そんな、手伝うんじゃなくって、平等にやる仕事なんだってことは、なかなかねえ。結婚して、これでもう十七、八年、違う、もっとかな？　二〇年近くなっても、まだ分からない……。うちの旦那あたりにして、分からないとなると……でもまあ、もっと分かる人もいっぱいいると思う。

例えば、宇宙飛行士の向井さんのとこなんか、本当にすごいと思うよ。あの旦那さんねえ。あんな所は、もう、そんな家事分担なんてことはないだろうし、おまけに向井千秋さんなんかねえ、アメリカにずっと行ってみえるのにねえ、旦那さん一人でやってみえると思うんだけど。あの位までになると、また、ぜんぜん違う別の次元のことなんだけど。まあ、若い人の中にも、家事は女の人がやればいいとか、そういう考え方があると思う。それはやっぱり、経済力を持たなければ、まずは話にならないと思うねえ。平等でいくのには。よくパートに出るお母さんっているでしょう。パートに出るお母さんだとねえ……。

パートではダメですか？　やっぱり、ちゃんと働かないと。

うん。ダメ。あたしがパートではダメなんだって思うのは、「どうせ、パートなんだから、嫌なら辞めれば？」って、「家の中のことやってからにしてよ」って。あと、「あたしも疲れている」とかって言うと、「そんな疲れるなら、辞めれば？」って言われるしね。パートのお金が、旦那さんにとっては、バカにした額でしかないから、「うちの家内のパート代なんか、何の役にも立たない。どうせ、まあ、自分の好きな物でも買うんだろ」っていう程度の感覚だと、「家の中のこともやらずに、パートばっかりやってもらわんでも結構や」とか、「嫌なら、辞めやあええ」とかっていうふうになるけど。

例えば、うちみたいに……まあ、うちっていうか、だいたい共働きをずっとやっていれば、給料がそんなに変わらないわけで、ほとんど一緒でしょう。そうすると、もう奥さんの収入なしでは、生活が成り立っていかないから、やっぱり大事にする。病気になって仕事辞められたら困るなあ、とか思うから、少しでも家の中のこと手伝って、「なんとかしてやろう」とかって思う……と思う。やっぱ、パートでなくって、しっかり勤めることが大事だと思って、あたしは今までやってきたんだけど。

「男社会」

それとか、旦那の合理的に物事を考えるっていうことに関して言えばねえ、例えば、血液型の占いとかあるでしょう？　ああいうの、うちの旦那とかなんて、ほとんど信じないのよ。A型とB型の親からは、○○型の子が生まれるのは当たりまえで、日本人が四つの血液型に分かれるんだけど、みんな性格がそんなに似通っているはずがない。四つのグループなんかに、簡単に分けられるはずがないって言ってて……。そういうのは、すごく当たりまえだって、あたしも思ってるし。だからああいうのは、遊びでは、「あっ、○○型だ」とかって言うけど。

あと星座もねえ。誕生日の星座占いなんかも、「ふふーん」とかって言ってやるけど、それを本当に信じるとか、そういうことはまずないし……。とにかく、なるべく合理的に……っていうのは、結婚して、あたしが主人から学んだことで、あたしは自分が文系人間だったので。主人はまったくの理系だから、まあ、そこでバランスがとれたっていうふうに思っていてねえ……。

結婚してから、ご主人の影響を受けたんですか。

受けた、受けた！　こう……結婚してからねえ、人生の中では大きな、うーん……性格の変化まではいかないけど、今のあたしがあるのは、主人の性格というのが、大きく影響していると思う。あたしは、長良高校とか各務原東高校とかっていう、女子が半分いて、各務原東なんて女子の方が多い学校だったので、「女子志向」っていうのかなあ……。そういうのが、岐阜工業高校に転勤した時に……あのう、今の主人と結婚したおかげで、工業行った時に、何の違和感もなく「男社会」に馴染めて……。

「男社会」って……。

ほらっ。あの、絶対にきれいにはしない、男子の、あの汗くさい感じね。あれにたいして、何の違和感もなくて、ノイローゼにもならずに過ごせたんだけど。これもやっぱ、あまり自分とは似通った性格ではない主人と結婚した部分が、ちょっと良かったかなって思って。でもね、やっぱし、夫婦って似てくるって言って、よく似てるって言われるのよ。最近になってねえ……。子供にたいする教育なんかも一緒っていうか、この部分は、お母さん怒るだろうなっていうことは、たいていお父さんも怒る……っていうふうで。

だから、お母さんとお父さんがあんまり……あたしと主人があんまり、かけ離れた価値観じゃなかったので、子供を怒る時なんかは、ほぼ一緒。この部分は許せるけど、この部分は許せないっていう部分が一緒なもんだから。お父さんの方はいいって言ったのに、お母さんの方はいけないって言ったこととかは、あんまりないよ。それはねえ、すごく良かったと思う。これは、うちは結婚してから一年間子供がいなかったので、まあ大方、夫婦の価値観が分かってきてから子供が生まれてきたから、あんまりチグハグにならずに済んだっていうのがあるねえ。

子供が小さい時は、仕事の間はおばあちゃんに、子供の面倒をみてもらっていたんですよね。おばあちゃんの子供の教育にたいしての考え方も、一緒でしたか。

うーん……。おばあちゃんなんかは、また違う価値観だったねえ。例えば、子供がズボンをすごく汚して帰ってくる……。おばあちゃんは、「そんな、ズボンは汚してはいけない」って言って、「お母さんに叱られるかもしれないよ」って言うけど、あたしは、子供は汚すのが仕事なんだから、いい服を着せなくったっていいから、ほらミキ・ハウスとかのね。いいのを着させると、破れたり汚れたりとかすると、お母さんって気になっちゃうじゃない。だから、安いのをいっぱい着させて、汚れても、破れても、まあ、子供は遊ぶのが仕事なんだからっていうふうで、割り切れる……て思っていたら。

そしたら主人も、おばあちゃんが、「うーん！　こんなにもズボン汚してまって！」って怒ってたら。それを見て、おばあちゃんに、「子供は汚すのが仕事なんだから、ズボンとか着る物とかを汚してきても、いっさい子供を怒ってはいけない」って言ってくれたので。あ、この辺は一緒なんだなあって思ったしね。だから、良かったなあって。それくらい、まあ、価値観が一緒で、本当に良かったんだけど。まあ、なかなかねえ……。でも、そうじゃない所もいっぱいあるんだけど……。

あっ、価値観が一緒っていう面はね、学校では生徒はね、楽しくなきゃダメ。変な言い方だけどね。学校はさあー、うーん……例えば、学校の中の先生にも、細かいこと言う人いるんだあ。あたしはね、もう社会に出て、認められることはもうしょうがない。今だからさあ、いけないいんだよ。高校生だからいけない、っていうことばっかりじゃない？　ピアスとか茶髪、パーマとか。でも、そんなの社会に出たら、もうなんでもいいんやわ。そういうのは、もう全部いい！　っていうふうにして。

社会に出てもいけないこと。ゴミを捨てるなとか、人の物を盗るなとか、意地悪をするなとか、時間は守れとか、そういう問題を、とっても大事にするべきなんやと思うんだわね。うん……もう社会へ出たらOKなものはいいことに……社会人を育てるっていう感覚にしなくちゃいけないと思うのね、学校教育は。そういう所がねえ、主人とはパッと合って、やっぱり細かいことグダグダ言ってると、生徒が学校こなくなっちゃうから。やっぱり元気に楽しく学校に行きたいって、来たいっていうふうにしなきゃダメだよねって。そういうところも、ピッと二人とも話が合うの。子供だけじゃなくって、そういうふうに生徒についてもねえ。うちら二人同業同士っていうか、同じように学校に勤めているから、話題は合うんやわ。

本当にね、狭い世界なんやて。先生の世界なんて。だからね、知っている人が結構たくさんいるのね、お互いに。まあ、それがさあ、いい時もあるし、悪い時もあるんだけれども、こんな狭い世界で、夫婦共に知っているっていうことがね、あるんやけど。でもね、学校の中でもね……。例えば、奥さんが校長になって、旦那さんが校長じゃないと変だって思われるのね。どっちだっていいのにさあ。旦那さんが校長になって、奥さんが教師なら、まあ、何とも世の中の人は言わないのに、奥さんが校長に先になって、旦那さんが教頭先生だったりすると、なんか変とかって言うの。そんなの関係ないのにねえ。
　でもやっぱりね、男女差別っていうのは……やっぱり、根が深い‼　あと、「あそこは、奥さんとってもいい人なのに、旦那は、あんなにもしょうもない人だ」とか、やっぱ狭い世界なだけに両方知られると、なんかいらないことまで言われるっていうか。もうどうでもいいようなことまで言われる場合もあるね。でも、まあ、そこそこにやっていくんだけどねえ……。うん、うまくいってる方だよ、夫婦で……。

おまんじゅう

先生と旦那さんとの出会いからお聞きしたいのですが……。

　あたしが今の旦那と出会ったのはねえ……。あたしが長良高校にいた時で。職員って、朝、みんなで朝会やるんやね。うちの主人、長良高校に講師で来た時、その朝会で紹介するじゃない？　でも、あたしはいっつも、朝ギリギリか、遅刻して学校に行ってて、その日も朝会に出てなくって。だから、新しい生物の講師が来るってことはよく知っていたけど、その顔も知らなかった。それから一か月位してからかなあ……。

ほらいま、この各務原西高校にいる保健の川崎先生ね。川崎先生もその頃、長良高校に勤めていて。その頃から本当に川崎先生にはお世話になっていたの。ある日、川崎先生から内線で、おまんじゅうたくさんもらったから、休み時間になったらいらっしゃいって誘われて。昼休みに行ったのね、保健室。ドア、ガチャって開けたら見知らぬ若い男の人が、こう……おまんじゅうとお茶を持って、川崎先生としゃべってるじゃない？あたし、その時、はじめて主人と会ったんだけど、なぜか、その瞬間にビビッてきたの、あっ、あたしこの人と結婚したいなって。

保健の川崎先生と生物の主人とで、「昨日、僕の家のハムスターが交尾をしていまして……」って、ずーっと二人で交尾の話をしているの。あたし恥ずかしくって、そんな話できず、ただ二人の会話を聞きながら……。その時、主人、白衣着てたのね。だから、ああ、きっと新しい生物の講師だなって思ってて。それから半年ほどしてから。それまでは挨拶を交わす程度で、ほとんどしゃべらなくて。

主人が、図書館に本を借りに来たのね。ああ、生物の講師の方だわって思って。本を借りる時に、「じゃあ、○○までに返却して下さい」って言うでしょ。そしたら、「釣りは好きですか？」って聞いてくるの。あたし、釣りなんてやったことないのに、「はい」って言っちゃって……。「じゃあ、今度一緒に行きましょう」ってなって。はじめてのデートが、ボートに乗って釣りだったの。
それがさあ、デートの当日、会うなりいきなり、「僕の家の犬が死にそうだった」って言ってきて。結局、主人は、犬が心配で三時くらいに帰っていって。しかもさあ……車だったんだけど、途中までしか送ってくれないの。あたしの家まで行くと遠回りになるから。「なんて奴だ！　あーんな奴と結婚したいって思ったのが間違いだった……」って思った。

先生はなんで、会った瞬間に〝結婚したい〟って思ったんですか。

あたし、それまでに、何度かお見合いしたんだけど、あたしの結婚の条件が、背が高くて、眼鏡していなくて、バタ臭い顔の人。でも、そのデートで、もうそんな気持ちもなくなったし。主人も、あたしより犬、って思って、ダメだあって思っててね。その日、帰ったらすぐに電話があって、やっぱり、犬が死んだって言っててねえ……。
それから、しばらくは、また何もなかったんだけど、今度は、食事に誘われてねえ。その頃から、つき合い始めた。あたしが、「あなたと最初に会った時、あたし、ビビッてきたのよ」って言っても、主人たら冷静に、「そうですか。僕は、何もきませんでしたよ」って言うのよ。けど、まあ、なんやかんやで、まるっと一年つき合って、結婚して、まあ、今があるんだけれども……。あの人もだいぶ変わったわ。結婚してから落ちついてきた。あっ、子供が生まれてからかな。子供っていうもんは、自分の思い通りにはいかないもんやってことが分かって。

それまでは、すごく怖かった。野球部の子たちも……。主人は野球部の顧問なんだけど、いっつもあの子たちビクビクしてたしねえ。それとかあ、あと新学期に体育館で、担任の発表の時、「○年△組、今井」って言うと、そのクラスの子の深いため息と、他のクラスの子の、ああ、自分じゃなくて良かったっていう安堵のため息とが体育館中に広がって……（笑う）。うん。主人も結婚して変わったねえ。あたしも今、こうしてる自分って、主人の影響を大きく受けているけど、主人も、あたしの影響受けて変わったのかな。いいね、夫婦って。

三、おわりに

わたしは、はじめて先生にお会いしたのですが、とても和やかな雰囲気の中で語って下さいました。先生が司書になられたきっかけは、友達の影響が大きかったということですが、やっぱり周りに張り合えるような、刺激されるような友達がいるということは、自分を成長させる秘訣だと思いました。また、先生は仕事と家庭を両立しているということで、仕事にたいしての思いというか、責任感の強さに圧倒されました。今もなお仕事を続けることができるのも、家族の支えがあるからこそ……のことなんだと思います。

☺福冨真理☺

⌛

二度目のインタビューで、ようやく先生もこれだけ口を開いて下さいました。先生は、自分はあまり苦労はしていないと言われ、何の努力もせずにラッキーだったと語られています。それは、不幸なんて、元気で追い返してっていう気持ちが、常に先生の中にあったからかもしれない……と思いつつも、やっぱり辛かったこととか、悲しかったことまでは、わたしには語れなかったのかなあ……と思って、残念です。一人の人間に、その人のライフ・ヒストリーを語ってもらう……っていうことは、本当にすごいことで、難しいなあって思いました。

☺横山裕美子☺

90年代中頃の受講生たちの作品集(2)

ライフ・ヒストリーは、金がかかった。でも、人の話はおもしろかった。授業は、「変なのー」と思った。一回も欠席、遅刻をしなかったのは、社会学だけです。

第3話

すべてお任せ

【語り手】大窪順子　一九五二年生まれ、カトリックのシスター
【聞き手】要清香・太田智絵・秦麻紀子（十八歳）、短大一年生
【インタビュー】一九九八年六月二十一日

一、はじめに

社会学の授業で使用したテキスト、『こころの運動会―女子大生たちのライフ・ヒストリー研究―』（田口純一編著、北樹出版、一九九四年）を見た時、「何人かの人に当たらないと無理」みたいなことが書いてあったので、電話をするまでは、「断られたらどうしよう」と、そればかり考えていました。しかし、電話をした時、一回で快く引き受けていただき、本当に良かったです。

どうして、シスターにライフ・ヒストリーを聞こうと思ったかというと、高校に〝シスター〟という、今まで出会ったことのない人がいました。シスターは簡単になれるものではないし、わたしたちには考えられない別世界のもので、親もきょうだいも恋人も、すべてを捨てなければならなくて、なるのにすごく勇気のいることだと思ったからです。

また、シスターは富山県で生まれ、就職までされたのに、なぜ仕事を辞めてシスターになり、故郷を離れ、愛知県という地で、シスターをしながら学校の先生をされているのかということ、そしてなにより、シスターになろうと思われたきっかけなどを知りたかったのでインタビューすることにしました。

☺要清香☺

二、ライフ・ヒストリー

わたしの名前は大窪順子と申します。わたしが生まれたのは、一九五二年（昭和二十七年）、戦後の混乱も少しおさまった時代で、富山県の砺波平野にある一軒の農家で長女として生まれました。わたしはすくすくと育ち、三年ごとに弟たちが生まれました。わたしは小さい頃から、非常に内弁慶というか、家の中にばかりこもって遊んでいました。しかし、弟たちが生まれた時に、弟たちを相手に姉御ぶっていたのでしょうか、弟たちに命令して、いろいろ遊ぶようになったことを思い出します。

家は、浄土真宗でした。わたしの家は七人家族で、祖父母がいました。毎晩、祖母がお経をあげているのを聞きながら育ちました。そして、小学校四年生の時だったたと思いますが、お小遣い欲しさに祖母と一緒にお経をあげるようになりました。お経を唱えるたびにお小遣いをもらえたので、それ欲しさに唱えていたんですけれども、いま思うと、それがわたしの信仰心を育ててくれたのじゃないかなあということを思います。

学校では、自分に自信がなかったから、けっこう内気な子だったと自分では思っていました。しかし去年、久しぶりに小学校の同級生に会った時に、「けっこう活発だった」と言われて、わたし自身驚きました。あの頃、わたしはすごく自分自身に劣等感を持っていたのです。学校の授業で先生がいろいろ質問する時に、周りの子はみんな、「ハイ、ハイ」と手を挙げていて、自分も挙げたいなと思うんだけども、もし答えが間違っていたらどうしようと思って、いつも自分の中で、その弱虫の自分と闘っていたことを思い出します。

あとで先生から答えを聞いて、「やっぱり、それが正解なんだなあ」と思った時に、なんで自分は手を挙げなかったんだろうと思うけれども、やはりわたしは、みんなの前で恥ずかしい思いをしたくないっていう気持ちが、非常に強かったと思います。

わたしは、一所けんめい勉強する方でもなく、けっこう遊んでいた小学校時代でした。だから、先生にかわいがられるってことはなかったんですけれども。五年生の時に、わたしの書いた感想文が良くて、「次の日、みんなの前で読み上げるから持ってきてね」と先生から言われたのに、せっかく書いた感想文を忘れてきて、読まれなかったのが残念でした。勉強面での小学校の思い出と言えば、それがいちばん、わたしにとっては思い出かなあということを思います。

大きな事故

小学校六年生の十一月に、わたしは大きな交通事故に遭いました。あとで聞いてみると、周りの人が驚くような事故だったので、普通だと死ぬはずでした。しかし、救急車で運ばれて、病院の診療室で治療を受けていた時、「ああ、わたしは本当は死ぬはずだったのに、今わたしはこうして生きている。何かきっと、わたしは社会のためにしなければいけないいんじゃないかなあ」ということを、小学校六年生でしたけれども、はっきりと感じました。

手術が失敗して病院生活が長引き、中学校に二か月遅れて入学しました。その時に、勉強が遅れているからみんなについていけるようにと、他の人に英語と数学を教えてもらっていました。だから、学校に行って、定期テストを受けた時にけっこう成績が良かったので、それまで自分自身に劣等感を抱いていたのに、「わたしでもやればできるんだ」と思いました。

そのあと、知能テストがあり、テストの結果を先生が見た時に、思っていたほどわたしのできが良くなかったので、わたしに、「あなたって思っていたより、知能指数が低いのね」と言った先生の何気ない一言で、わたしはとても傷つきました。ですから、いま、教師生活をしていますけれども、何気ない言葉というのも生徒にとっては、すごく心の傷になることもあるんだなあということを、自分の身を持って実感したので、気をつけて生徒に接するようにしています。

手術したあと、声帯が傷つけられて、男の子のような声になってしまいました。それでその時に、自分ではそんなふうに思ってなかったんだけれども、今でいうイジメみたいなもので、男の子たちにからかわれていたんです。そして、わたしの事故が新聞にも大きく載ってしまったために、小さな町だったので、人々からは好奇心に満ちた目で見られるし、それから学校でも、同じように見られたりしました。わたし自身、「嫌だな」と思いながらも、そういう自分を受け入れていかなくてはならないということで、その時からまた、自分との闘いが始まりました。

それで、中学一年の時だったと思いますが、声がガラガラ声だということで、あまりにもからかわれすぎたので、トイレで泣いていた時に、友達に、「あなたの声は、どうすることもできないでしょう」と言われて、「そうなんだ、ガラガラの声を持っているのは、わたしなんだ。事故に遭ったのも、わたしなんだ。これは、どうすることもできないから、積極的に自分のことを受け入れていこう」と思いました。

その時から、弱い自分といつも本当に闘ってきました。それと、〝人間って、いつ死ぬか分からないなあ〟ということを、自分の体験から常に思っていました。〝人間って、なんで生きているのかなあ〟って。みんなそれぞれ生まれてきて、そしてみんな、死んでいくその人生の中で、わたしはこうして生きている。友達は、お医者さんの家に生まれてちやほやされていたりとか、勉強ができるからといって先生から褒められたりとか、そういうふうに育っていったりするけれど。

でも、みんな行き着くところは、〝死ぬ〟ってことから、中学校の時に、〝人間って何なのかなあ、生きるってどういうことなのかなあ〟ということを、常に自問していたことを思い出します。それで、祖母が仏教の浄土真宗を信仰していましたので、よく仏様の話とかを聞いていましたけれども、なぜか、自分の中のその質問には的確に答えてくれないので、自分自身の中で悶々とした気持ちで毎日を過ごしていました。

中学の時は、男の子たちと騒いでいて、そんなに勉強もしなかったし、入れる所に入ればいいと思っていたので、手軽な県立高校に入学しました。高校に入ってからも、わたしがいつも問い続けている、〝人間って何なのか、人生って何なのか〟という質問にたいして、先生たちは答えてくれないし、県立高校だったので、ただ勉強すればいいという感じで、精神的な面についての勉強は教えてくれないしで、自分自身の中に、非常にイライラした気持ちというものがたまっていたのを覚えています。それをどこにぶつけるかというと、部活動とか、一人の先生に徹底的に反抗したりとか、いま考えればけっこう突っぱっていたなと思います。

だから、先生がわたしにしみじみと、「なんで、そんなに僕に当たるんだ」とおっしゃった時に、わたしははっきりと、「だって、先生のことが嫌いだからです」と言ってしまったりして。いま考えると、「本当に先生たちを傷つけてきたな」ということを感じます。だから、自分は今、その償いをしているのかなという感じがしないでもありません。

高校の時も、部活動だけは一所けんめいしていました。自分の中で中学校の頃からずっと思っていた、その疑問というのも、やはりなくならないまま、三年間が過ぎてしまいました。わたしは、いつも男の子たちと一緒にいるような性格だったので、女子短大に進んだのですが、短大に入っても、近所の大学生の男の人たちと交際をしたりしながら、「何か、もっと世界を広げたいなあ」という気持ちが、心の中にずっとありました。

それで、なぜ短大に行ったのかというと、ＯＬをしていても、すぐに結婚しなくてはいけないので、資格があれば結婚しなくても生活ができるから、何か資格を持ちたいなあと思って、そこで考えたのが、幼稚園の先生でした。自分が病院にいた時、看護婦さんの仕事を見ていて、「自分もああいう生き方をしたいな」と思って、看護婦さんになりたいと思っていたんですが、両親の反対にあって……。

中学校の時からわたしは、将来、幼稚園の先生になるんだということをいつも思っていました。それで、運良く女子短大に合格し、短大生活が始まりました。幼児教育科というのは、非常に大変な学科で、他の学科の子たちはけっこう遊びに行ったりもできるのですけど、わたしたちは朝から晩までびっしり授業があって。それでも幼稚園の先生になるために一所けんめい勉強しました。わたしは幼稚園の先生になりたいと思って入学したけれども、幼稚園の先生の大変さを知って、幼児教育の道に進みたくないと思い始めました。

　二年生になって、短大の先生から、「就職活動をしなさい」と言われた時も、わたしは実際には動きませんでした。というのは、「小さな子どもたちに、こんなわたしが教育なんかできない。あの純粋な子供たちにわたしは、立派な人間でもないのに申し訳ない」という気持ちがあったので、就職活動をしませんでした。でも、両親は、なんとかして自分の町や隣町の保育園の先生になれるようにと、いろいろコネを使ったりしてくれているのを見ていました。

　けれども、自分自身の心の中では、「幼稚園の先生になりたくないなあ」と思っていました。実際、両親に、「わたし、幼稚園の先生になりたくないわ」と言った時に、両親は、「あなたが幼稚園の先生になりたいと言ったから、短大に行かせてあげたんだよ。ないお金をなんとかやりくりして行かせてあげたのに、ちゃんと幼稚園の先生になりなさい」というようなことを言われて、「まあ、仕方がないな」と思いました。両親が自分の町や隣の町に働きかけているけれど、なかなか欠員が出なくて、両親は、わたしの就職先が見つからなかったので非常に残念がっていましたけれども、わたしは、内心喜んでいました。

カトリック幼稚園

でも、やっぱり働かなくてはいけないし、幼稚園の先生になるんだったら、山奥の幼稚園の先生になれたらいいなと思って、就職の指導をしてくださる先生に、「山奥の幼稚園に勤めたいと思うので、山奥の幼稚園に就職させてください」と言った時に、先生から、「そんなことを言わないで、どこか、町の幼稚園に行ってくださいよ」と言われました。

先生にしてみれば、就職率を一〇〇パーセントにしたいから、なんだかんだ言って、わたしを幼稚園に勤めさせたがっていましたけれども、わたし自身はあまり乗り気ではありませんでした。そうしているうちに、周りの友達がみんな就職が決まっていた時に、わたしがまだ決まっていなかったけど、わたしの心の中では、「なんとかなるだろう」という気持ちがありました。

それで、二年生の一月に、「カトリック幼稚園に欠員があるから、行ってみないか?」と言われて、その時に、「カトリック幼稚園ですか。わたしが今まで入ったことのない世界。カトリック……うーん、そこで自分自身が求めていたものが何か見つかるかもしれない。自分自身が何か変われるかもしれない」という気持ちの方が、幼稚園の先生になりたいという気持ちより、強かったように思います。だから、そういう意味で、幼稚園の先生になるためではなくて、わたし自身のためにそのカトリック幼稚園に行くことを決めました。

試験を受けた時に、幼稚園の先生方は、ちょっとわたしの声のことを心配していたそうですが、無事合格して働くことになりました。その幼稚園は、別にカトリックの洗礼を受けていなければいけないということはありませんでした。でも、子供たちにはわたしが信じる信じないは別として、カトリック幼稚園ということで、神様のお話などをしなければなりませんでしたから、週一回、神父様である園長先生から宗教のお話を聞きました。そして、毎朝、先生たちで聖書を読んでお祈りをし、それから一日の保育を始めました。でも、自分の中ではあまり、キリスト教の神様というのがピンときませんでしたが、子供たちに神様のことを伝えなければならないということで、教えられたように子供たちに話をしました。

ある日、主任の先生が、子供たちと園庭で遊んでいた時に、その先生が、花壇に咲いている花を見て、子供たちに向かっておっしゃった、「まあ、なんてきれいな花なんでしょうね！」という言葉に、わたし自身がハッとさせられて、ふり返りました。その時に、わたしの心は、その主任の先生がおっしゃったような気持ちではなくて、ただ、「ああ、花が咲いてる」としか思えない自分自身にはっと気づかされたんです。わたしは、あの先生のように心から、「なんてきれいな花！」なんて思えない、そういう自分の心の貧しさ、そういうものに非常にがっかりしました。「わたしって、心が貧しいんだな」と思って、そういう自分を真正面から受け入れなければならなかった時に、非常にさみしく思いました。

就職して二年目の夏休みに入ろうとした時に、わたしのクラスの子供が、家の階段から落ちて亡くなるという事故がありました。お通夜や葬儀に参列した時に、わたし自身が今までに見たことのない、ものすごく取り乱す自分がいて、そういう自分を見つめた時に、「えー、わたしって、こういう一面もあるんだ」ということを思いました。葬儀が終わってから、そのあと、子供の亡くなったショックから、一週間ぐらい家の中に閉じこもって、誰ともしゃべらなくなってしまいました。

でも、もう一人の自分の、「こんなことをしていてはダメだ。早く出なさい」という声でやっと立ち直ることができました。その時から、毎日毎日、子供たちのために、人間の力ではどうすることもできない力、いわゆる神様に祈り続けることしか自分にはできないということを身をもって体験しました。

祈る毎日

わたしは、先ほど言ったように、祖母から毎晩お経を聞かされながら、小さい頃から宗教心を育てられました。けれども、実際には神様というものにたいして、まだ自分の中にはっきりとしたものもなく、ただ漠然と手を合せていました。それからやはり、人間の世界だけでは考えられない世界というものが存在していること、それは信じていましたので、その子供の死をきっかけに、本当に毎日毎日、祈る生活が始まりました。

そして、子供たちと共に過ごしながら、自分自身の中に少しずつ変化を感じ始めました。神様のことを子供たちに話しながら、そして子供たちの様子を見ながら、自分自身というものを知ることができたように思います。わたしが、小さい時から宗教心のある家庭環境の中で育ったこと、それから、生死の境目をさまようほどの事故に遭遇したこと、自分のクラスの子供が亡くなった時に、自分の人との接し方でこういうリアクションをするということなど、「ああ、わたしがこういう環境の中で育ってきたから今のわたしがいる」ということを自覚しました。

その時から自分自身、子供たちと共に生きることによって、〝自分がどういう人間であるか〟ということを発見しても驚かず、静かにこの自分というものを受け入れるようになってきました。勤めて三年がたち、わたし自身には、まだカトリックの洗礼を受けたいという気持ちがありませんでした。一つの宗教に凝り固まってしまうと、そういう物事でしか周りを見ることができなくなるっていうか、その宗教の価値観でしか物事を見なくなるので、自分の世界が狭くなるのを非常に恐れていました。そんなわたしの心境も考えず、周囲の人たちがわたしに、「いつ洗礼を受けるの?」というようなことを、毎回聞いてくるたびにわたしは、「洗礼を受けない」と言いながらも、心の奥深い所では、「いつか洗礼を受けるんじゃあないかな」という気持ちはありました。

三年目のクリスマスだったでしょうか、「せっかくカトリック幼稚園に勤めているんだし、クリスマスのミサって何なのかな?」って思いながら、午前零時のクリスマス・ミサにあずかった時のことです。チャペルに入った時に、他とはまったく違う雰囲気に圧倒され、「ここには本物の方がいらっしゃる」ということを、はっきりと心の中に感じたことを、今も思い出します。それでも、日曜日にミサへ行くということはしませんでした。

そのうちに神父様から、「ガールスカウトのリーダーになって欲しい」と言われて、毎週日曜日に、ガールスカウトの子供たちと一緒にミサにあずかり始めました。でも、自分自身の中には先ほども言ったように、「一つの宗教観にとらわれたくない」というのがあったので、ミサには儀式という形で参列していただけでした。けれども、そのうちに少しずつ、「何かこのイエズスという方は、本物じゃないかな」ということを感じ始めました。

いつも、わたしの中ではやっぱり、〝人間とは何か。人生の意味とは。本物って何なのか〟というようなことを探し求めていました。だから、「せっかく人間に生まれてきたのだから、人間らしく生きたい。でも、自分の中にはいつも汚い部分の自分も見えるし、何かこう、偽っている自分がいる。もっと正直になって生きれば楽なのに」と思っている自分もいました。そんなことから、少しずつキリスト教に惹かれていったのではないかと思います。

ある夏、県内の教会のガールスカウトの人たちとの合同のキャンプがありました。その時、他の子たちはそれぞれ作業に出かけていて、わたしはリーダーだったので、「あー、疲れた」と思ってテントの中で寝っ転がっていた時のことでした。富山の教会にいらっしゃる、イタリア人で、非常に太っていて、見るからにユーモラスな感じのシスターなんですが、そのシスターが誰も見ていないのに、両手にポリバケツをかかえて、一所けんめい、水を運んでいらっしゃいました。その姿をわたしはテントの中から見ていて、「なんで、あのシスターは誰も見ていなくても、あんなに喜んで水汲みができるのだろう？」と思いました。

わたしは、みんなが見ていれば、いい格好をして水汲みにも行くけれど、「できれば、こういうふうに楽して自分は過ごしたいなあ」と思っている自分をいつも見ていましたから、そのシスターの姿を見た時に、「ああ、わたしも人の目を気にせずに、自分の思っていることを素直に出して生きていけたら、どんなに幸せだろう！」と感じたことを、今でも忘れません。でも、それはカトリックの洗礼を受けようと思うきっかけには、まだなりませんでした。それで、ただ何かを探し求めているけれど、それが何であるのか分からず、答えを見つけたくて、いろいろな活動に参加しました。

ヨハネの福音書

幼稚園といろいろな活動をして疲れたせいか、盲腸になりました。わたしを看病している母の背中を見た時に、わたしを信じきっている母親に出会い、「母を悲しませることだけはしたくない。人間らしく生きたい」と思ったのが、洗礼を受ける大きなきっかけになったと思います。「じゃあ、正直に、人間らしく生きていくために、誰に聞けばいいのか。いま、正しいと言われていることも、将来、それが間違っていると言われるかもしれないし、人間はそれぞれ好きなことや自分勝手なことを言うから他人は頼れない。じゃあ、誰を頼ればいいのか。わたしは、せっかく人間として生まれてきたんだから、人間らしく生きていきたい」と思った時に、「そういうことを教えてくれるのは、イエズス様なんだ」と思いました。

聖書の中のヨハネの福音書にある、〝わたしは道、真理、命である〟という言葉が、わたしの心の中に強く響き、「そうだ、頼れるのはイエズス様だけなんだ。イエズス様は神様の所からやってきて、神様の所へ戻られた。本当に、わたしに人としての生きる道を教えてくださる方は、この人しかいない」と思った時に、洗礼を受ける決心をしました。それは、わたしが二十四歳のクリスマスのことでした。両親は、キリスト教という訳の分からない宗教にわたしが入っていくことについて、「ものすごく反対するかな？」と思っていました。けれども、わたしが二〇歳からカトリック幼稚園に勤めていて、わたしが変わってきた様子をずっと見てきていたので、「あなたが学びたいんだったら、その道について学びなさい！」と、すんなり許してくれました。

自分の生きる道を探し求めるのは大変でした。特に、田舎の風習で、女の子は早いうちに結婚しなくてはいけないというのがありました。周りの友達はみんな、二〇歳を過ぎると、お見合いをして結婚していきました。けれども、わたしはお見合いの話があった時に、わたしはまだ結婚したくないからということで、お見合いの話を断ったんです。そうすると、周りの人たちには、「偉そうに、たかが短大を出てきたぐらいで。何をお高くとまっているの」というふうに非難されました。けれども、「わたしは自分の好きなように人生を歩んでいきたい。みんなは結婚したいからするのであって、わたしはまだ結婚したくない」と思っていましたし、実際、お見合いというものにたいしてわたしは抵抗を感じていました。紙切れ一枚でその人が評価できるわけでもないし、そういう男女の結びつきに、わたしは反対でした。

それに、仕事もおもしろくなってきていましたので、まだ結婚ということは考えていませんでした。しかし、子供たちと接していて、「わたしもいつかは結婚して、子供もたくさん産みたい。わたしは非常に野球が好きなので、男の子を九人産んで、野球チームを作りたいな」というような夢は描いていました。おかげさまで、何人かの人からか結婚を申し込まれたりもしましたし、いろいろありましたが、そのたびに自分の中に、〝結婚生活では満足のできない自分〟という思いが、男の人とのつき合いを通じて、少しずつはっきりしてきました。

でも、わたしは今のような修道生活というのは、自分の将来の人生設計においてまったく考えていませんでした。わたしの中では、「わたしは、シスターなんかになりたくない。だって、わたしは欠点だらけだし、がさつだし、自分のためだったら一所けんめい生きるけれど、人のために生涯を捧げて、二十四時間生きるなんてとてもできない。まして、生涯を捧げるなんて！」と思っていました。そして、「シスターだけにはなりたくない。だから神様、早く結婚相手を見つけてください」と祈り続けていました。けれども、自分の中に、なんとも言えない苦しいものがありました。

教会の信者さんから、「洗礼を受けたあと、しばらくすると、すごく喜びがあって幸せになれるのよ」と言われていたけれども、実際にわたしは、洗礼を受けてから、何か知らないけれど、心の中が重く暗くなっていきました。そういう重さ、暗さというのは、実は洗礼を受ける前に心の奥深い所から、〝洗礼を受けなさいよ〟という声が聞こえてくるけれど、自分はいつもその声に耳を傾けずに、その声に逆らっていたからでした。だから、心がいつも重くって、暗くってどうしようもなかったんですが、洗礼を決心した時に非常に心が自由になりました。

心の奥の声

ところが、受洗後しばらくして、また心が暗くなってきたのには、一つ理由があります。それは洗礼を受けた時に、わたしの額に聖水がかけられたんですが、その時に、〝修道生活、あなたの生きる道は修道生活〟という声がはっきりと、心の奥深い所から聞こえてきました。わたしは、すぐそれを打ち消そうとしました。「わたしは絶対に結婚するんだ。誰が何と言おうと、わたしは結婚するんだ」というふうに思い続けていました。だから、心の奥から聞こえてきた声に逆らっていたので、自分の心が真っ暗で、重くなってきたんだと思います。

語り手の近影

わたしは小さい時から、大事なことを決める時にはいつも、他人からの助言より、自分の心の奥深い所から聞こえてくる声に従ってきました。そして、従うことによって今までわたし自身の道が開かれてきたので、修道生活というわたしの人生の進む道が示された時も、打ち消してはいたけれど、「もう、いいや。たかが二〇年生きてきただけで、自分の生きてきた世界は狭いし、神様は全能だし。神様はわたしに命を与えてくださったんだから、命を与えてくださった神様がいちばんわたしが幸せになることを望んでいらっしゃるだろう。もう、神様の言う通りにしよう」と思った時に、本当に気持ちが自由になりました。

それからもう一つ、洗礼を受けたあと、不思議なことがありました。あのあと、わたしの生活は何も変わらないし、わたしの欠点もしっかりありました。でも、他の先生たちも気づいたのですが、わたしのクラスの子供たちが変わってきたんです。わたし自身も洗礼を受ける前と受けた後では、「わたし自身はそんなに変わらないのに、何かが違うな」と感じていました。わたし自身のどこが変わったのか分からないけれど、「何か、わたしが変わったからこそ、子供たちが変わってきた」ということを体験しました。

今も高校生を相手に生活をしていますが、わたしの持論として、「子供たちをいろいろ批判するのではなく、わたしが変わらない限り子供たちは変わらないのだから、子供たちに文句を言う前に、まず自分自身を変えていかなくてはいけない」ということをいつも考えています。今もわたしは、生徒の前に立つ時の自分への戒めの気持ちというか、教育者としてどうあるべきかというようなことを、幼稚園での体験のおかげで、根本的なことを教わりました。

受洗後一年ぐらい、結婚か修道生活かと迷っていたわたしも、「神様に任せよう！」と思った時に、何か急に、「祈りたいなあ。じっくり落ち着いて祈ることのできる場所があったらいいなあ」と思いました。そんな時に、いまわたしが入っている修道会のシスターでもあるのですが、サマーキャンプの時に出会ったシスターから、「修道院で黙想会があるから、来ない？」と言われました。それで、「知らない所へ行くよりも、シスターたちのことを知っている所に行けば安心」ということで、シスターの招きにこたえて、二十六歳の時に、十二月二十六日から三日間だけだったと思いますが、その修道院の黙想会に参加しました。

その時に、わたし自身びっくりするくらい、自分の心の奥深くにあるものを全部、神父様の前に吐き出している自分に、はっと気づかされました。そのあと、なんとも言えない解放感を感じ、心が自由になりました。そして、その黙想会の最後の日に、ヨハネ福音書の最初の所にある、イエズス様が弟子たちをお呼びになっている言葉、〝わたしについてきなさい！〟という言葉を読んだ時に、わたしに向けて言われたことを感じ、はっきりと、〝あっ、わたしは修道生活に呼ばれている〟ということを確信しました。それは、十二月三〇日のことでした。

それで、すぐその足で幼稚園の園長先生の所へ行って、「わたしは修道生活に呼ばれているような気がしましたので、今年度いっぱいで幼稚園を辞めさせていただきます」ということを言いました。十二月三十一日に。わたしが三月で幼稚園を辞めるということが、幼稚園にどれだけ迷惑をかけるかということはよく知っていました。実際に、十月に、「大窪先生、幼稚園は続けるんですか？」と聞かれた時、「わたしはまだ結婚する相手もいませんし、続けます」とその時はっきりとお答えしたのに、十二月三十一日には、「辞めさせてください」と言って、本当に周りの方々に非常に迷惑をかけてしまいました。

親の役目

園長先生は神父様でしたから、「いいですよ。あなたの道に進みなさい！」と言って、わたしの願いを受け入れてくださいましたが、主任の先生は、非常にショックだったと思います。わたしの選択した道に、いろいろ周りの反対もありましたが、心の中は平和だったので、「ああ、わたしの選択は間違っていなかったんだ！」ということを確信していました。わたしは一人娘なので、両親は、わたしが結婚して子供を産んで、孫の面倒をみることを楽しみにしていました。それだけに、両親に修道生活に入ることをどうやって言おうか、本当に悩みました。両親の様子をみながら、タイミングをつかんで少しずつ言っていき、まず最初に母親に告げました。母親は本当にショックを受けたらしく、「父に言いなさい！」と言いました。わたしの家は父がＯＫすれば、母もＯＫするという家でしたので、「父になんて言おうかなあ」と思いながらも、面と向かっては言えなかったので、手紙を書きました。

――わたしは今までこういうふうに思って、こういうふうな気持ちでずっと過ごしてきて、今はっきりと自分の生きる道が分かった。人間には、それぞれ生きる道が与えられているから、わたしは自分の生きる道をずっと歩みたくって、今まで自分に与えられた道を探してきた。そして、それが修道生活だと分かったので許して欲しい――

ということを書きました。父はそれを見て、非常にショックを受けて悩み、友達にそれをすぐ見せて相談したそうです。両親は、修道生活とか、キリスト教とかをぜんぜん分からないのに、「子供には、子供の与えられた人生があるのだから、その人生を歩ませてあげるのが親の役目だ」と、わたしが歩みたいという道を歩ませてくれました。そんな両親を、わたしは誇りに思っています。

三月の終わりに親戚を呼んで、お別れ会をしてもらい、四月一日に修道院まで両親が送ってくれました。その時、両親と別れてから、自分でもびっくりするくらいチャペルで泣いてしまいました。両親との別れが、こんなに辛いものと思ったことは一度もありませんでした。この時、両親から、「自分が愛されていたんだなあ！」ということを、改めて思い、両親にたいして感謝の気持ちでいっぱいでした。

修道院に入り、一年間は「志願期」という期間を過ごしました。その中で、やはり、自分が与えられた道は修道生活なんだ、ということに確信を持ちました。本当に、この一年間というのは、自分と向き合わせられる時期でした。だから、辛くて辛くて、「なんで、わたしがこんな思いをしなくちゃいけないの。こんな思いをするのは、イエズス様、あなたのせいよ。あなたがわたしを呼んだから、わたしはこんなに苦しんでいるのよ。

いいかげんにしてちょうだい」とよくチャペルでイエズス様に文句を言っていました。それで、その指導をしてくださるシスターにも、辛いから、「もう嫌です。わたしは明日、この修道院出ていきます。だから、帰るお金をください」と言った時もありました。

けれども、それを言い終わって、静かにチャペルで祈っている時に、〝あなたは、ここにいなさい！〟というイエズス様の呼びかけを感じました。修道院に入るまで、〝自分を知っている〟とは言っても、けっこう自分をごまかして生きてきていました。自分としっかり向き合うということがなかったから、修道院での生活をしている中で、今までのごまかしていた自分っていうのと、しっかり向き合わなくてはならない辛さというのを、感じました。それはわたしにとって、本当に辛いものでした。けれども、その辛さのおかげでまた、心が自由になりました。

志願期から修練期へ

志願期が終わり、自分はやはり、ここの修道生活に呼ばれているということで、修練長に自分の意見や考えをはっきり申し出て、二年間「修練期」という時期を過ごしました。その時期は、周りのシスターたちやわたし自身、本当に自分に与えられた道がこの道なのかということを、更にチェックする時でした。

修道院に入り三年がたち、自分の中で、やはり修道生活なんだということがはっきり分かり、シスターの服を着る「着衣式」にのぞみました。その時も、両親やきょうだい、親戚の人たちなどみんなが参加して祝ってくれました。修道服を身につけてから四年間は、自分の道は、この道に呼ばれているのかを再確認する期間があります。シスターになり、四年後、「やはりわたしの道はこれです。わたしの人生をすべてイエズス様に捧げます」という、結婚式のような終生誓願の式をして今にいたっています。

わたしは、いま高校の先生をしていますけれども、自分の中には、先生というものにたいしてあまりいい印象を小さい時から持ってはいませんでした。先生という職業にだけはなりたくないと思っていたのに、着衣式をした時に指導してくださるシスターから、「あなたは、大学に行って勉強しなさい。そして、高校の先生になりなさい！」と言われた時、「こんな年齢になって、なんで大学になんて行かないといけないの？　行きたくない、勉強したくない」と言って反対しました。

その理由は、大学へ入学できる学力が自分にはないと思ったからです。しかし、修練長の指導に従順にしなければいけなかったので、受験勉強を一所けんめいして、見事合格しました。その時、人間って、自分に分からない力が隠されていることに気づかされました。しかし、やはりどこかに先生にはなりたくないという気持ちはありました。

不思議なことに、幼稚園の先生になりたくないと思っていたのに、幼稚園の先生になるし、結婚したいと思っていて、シスターにだけは絶対になりたくないと思っていたのに、シスターになるし。先生になりたくないと思っていたのに、今こうして高校の先生をやっているし。あまり、〝こうしたい〟という望みは持たないほうがいいのかなと、最近思います。これだけはしたくないと思うと、また、そういうふうにさせられるような気がするので、〝もうすべてお任せします〟という気持ちで今を過ごしています。過去をふり返ると、すべてこれで良かったと思います。

高校の先生になったことも、わたしにとってプラスになったと思います。わたし自身、他の先生と違って、決して優秀ではないけれど、神様がこういうわたしを、いま先生としてお使いになっているという意味を考えました。「わたしは優秀ではないし、高校生時代は突っぱっていた。だから、同じような子供たちの苦しみや痛みを、少しでも分かってあげるために、わたしは、今こうして、ここに置かれているのではないかな」ということを思います。

聞き手３人を含む短大生たち

わたしは、生徒たちにいつも言いたいのは、自分自身経験して感じたことで、自分で、自分のことは分かったつもりでいても、実は分からないということ。せっかく命をいただいたのだから、自分の生きる道をしっかり歩んでもらいたい。それが、自分の幸せにつながるんだ、ということです。そういうことを生徒たちに伝えたいなと思って、教員生活をさせてもらっています。

わたしに出会う人は、「これがシスターなの?」と言われますが、「わたしは、自分に正直に生きていきたい、メッキのある人生を送りたくない」と思っていますから、欠点だらけの自分を皆さんに正直に見せています。それは、自分の欠点と闘いながら、自分らしくなっていくし、実際に、自分の欠点と一所けんめい闘いながら、真剣に生きている人もいるということ。生きることは楽しいこと、そういうことを、わたしと出会う人に分かってもらいたいということがわたしの願いです。そして最後に、「わたしは、生きているのではなくて、生かされている。そのためにはやはり、神様の存在を知ってもらえればいいいな」と思い、イエズス様とシスターたちに励まされながら、自分の人生を悔いのないように生きています。

三、おわりに

シスターには、一時間、一方的に話していただきました。話を聞いていて、言葉には表すことのできない、心に重いものを感じました。いつものシスターからは、想像のできないことばかりでした。シスターには、何度も何度も助けられ、元気づけられました。シスターに当たったこともたくさんあったけど、それでもシスターは、いつもあたたかく見守って、話を聞いてくれました。シスターは、いつも明るく笑顔だったので、これは天性のものであって、小さい頃からこうであったのだと思っていました。

しかし、話を聞いていて、小さい頃は、辛い過去ばっかり背負ってきたのだなということが分かりました。途中、シスターが涙を流される場面がありました。その時、自分の中で、「本当に、この人にインタビューして良かったのだろうか?」という罪悪感みたいなものが生まれました。あまり、思い出したくない過去だったのかもと思うと、聞いているこっちが辛かったです。

本当に、一回で快くOKしてくださったシスターには感謝しています。最後に、わたしは、〝大窪順子先生〟でなくて、シスターになるために生まれてきた人、〝シスター・大窪順子〟という名前が適切だと思います。シスターという職業は、まさしく〝天職〟と呼べると思います。

☺要清香☺

⌛

このシスターのお話を聞いて驚きました。わたしの中のシスターのイメージというのは、心が澄んでいて、神のお告げ通りに活動している人だと思っていたのに、神のお告げを打ち消そうとしたり、反抗したり、なかばやけくそになったり、シスターが、精神的に不安定だったご様子が手にとるように感じられました。

話されたシスターの人生の中で、大きな決断をくだされたのが、幼稚園の先生を辞める時と、洗礼を受けた時の二回だったと思います。もうあと戻りできない状態で、常に、前に前に一歩を踏み出そうとする意思はすごいと思います。小さい頃から声がガラガラで、いじめにあわれたりと、シスターになるまでいろいろな経験をされたので、シスターは、子供たちの心を分かってあげられる教師になれると思います。最後に、自分から行動を起こさないことには、何も物事は変わらないということを改めて考えさせられました。

☺太田智絵☺

⌛

わたしが今までに出会ったシスターというのは、グチとか絶対に言わなくて、生まれつき信仰心を持っているような、人間離れした感じの方ばかりだったので、インタビューをさせていただいたシスターのお話を聞いて驚きました。そして、シスターとして生きている方は、生まれつきシスターというわけではなくて、シスターになるまでに、いろいろ苦労もあったのだから、グチを言ったりするのは当たりまえのことだし、シスターも人間だということを改めて気づかされました。

しかし、シスターになった方だけあって、シスターとしての素質のようなものを感じました。普通の人ならほとんど気にもしないような、〝人間とは何か〟〝生きている意味〟などを、子供の頃から考えるような人しかシスターにはなれないんだと思いました。

☺秦麻紀子☺

90年代中頃の受講生たちの作品集(3)

前期に先生の授業を受けていた友達から、楽しい授業だと聞いていたけど、実際自分が受けてみると、楽しい授業というよりも、変わった授業だった。正直言って、授業という感じがしない。先生のやること、考えることは全ておもしろい。他の授業では絶対できないことだったと思う。ゲームとか。ライフ・ヒストリーはとても大変だった。あんなにも、他人の人生について知ることなんて、もう二度とないと思う。これからも続けていって下さい。半年間、どうもありがとうございました。

第4話

失敗こそチャンス

【語り手】矢野真理恵　一九五一年生まれ、会社経営
【聞き手】杉浦由希子（十九歳）、短大一年生
【インタビュー】一九九八年七月十五日

一、はじめに

去年の夏、わたしは母が昔の旧友に久しぶりに会う、と聞いていて、そのころ受験生だったにも関わらず、母と共に新幹線で大阪へ。その日、はじめて母の友達、矢野真理恵さんと出会って、すごく彼女に興味を持ちました。それまで、母から矢野さんの育ち、人生を大まかには聞いていました。そしてその中で「真理っぺ（矢野さんの呼び名）は、会社経営してるんだよ」と母から聞き、わたしは驚きました。そして、その日、実際お会いしてみて、その〝女社長さん〟にとても良くしてもらったのです。ただ一つ、とても不思議なことを彼女に感じました。矢野さんは、意外と小柄な体格で、一体どこから、事業起こすだけのパワーがあるんだろ、と秘かに感じていました。

そして一年後の現在、社会学を通じて、再び彼女にめぐり逢うことができました。先生が、ライフ・ヒストリーという課題を出した時、わたしは迷わず、彼女を選びました。語り手が彼女じゃなく、他の人だったら、ライフ・ヒストリーという課題を〝捨て〟ていました。そこには、わたしのこだわりがあったのです。彼女以外には考えられませんでした。すぐに、彼女に連絡をしました。

でも、社長さんだけあって、なかなかお時間がもらえず、それでも七月十五日、朝早い新幹線に乗って、東京へ向かいました。今度は母からではなく、本人から人生を語っていただくということで、すごく楽しみでしたが、それ以上に緊張していました。新宿御苑の彼女の事務所に着くまで、なんだかんだとありましたが、十一時二〇分。とうとう、彼女自身のライフ・ヒストリーの幕が開きました。

☺杉浦由希子☺

二、ライフ・ヒストリー

それでは、矢野さんの幼い頃のお話からしていただけますか。

昭和二十六年（一九五一年）、名古屋市中村区の日赤病院で生まれたの。その頃から、父は事業をやってて、自分の仕事を継がせるために、子どもは男の子が欲しかったらしいの。だから、わたしが生まれる前から、産着とかみんな男の子用を買ってたらしいの。父としては、一人目が女の子だったから、二人目こそは男の子が欲しかったんでしょうね。

だから、わたしが生まれた時、髪の毛がなかったんで、絶対男の子だと喜んだらしいんだけど。そのあと、お医者さんが、「いや、女の子ですよ。残念でした」って。それから、三人目も、四人目も女の子で。だからわたし、四人姉妹なの。父は、かなりのショックだったんじゃない。

天の邪鬼

小さい頃は……わたしは、あんまり中村区の家に住んでた頃の記憶はなくて、記憶があるのは、幼稚園に入った頃かな。椙山の幼稚園だったのよ。千種区の覚王山に移って、家を一軒借りて、父と母と祖母と、まだその頃生きていた曾祖母とわたしたち四人姉妹で暮らしていて。その頃は、父の事業もうまくいってて、お手伝いさんが二、三人いて、けっこう賑やかだったわ。

わたし、とにかく、学校とか幼稚園とか嫌いで、だから幼稚園の頃から、小学五年生までほとんど学校行かなかったわ。家の中では、おばあちゃんなんかに〝天の邪鬼〟って呼ばれてて。まず、人の言うこと聞かない。なんかちょっとツムジが曲がると、ヒステリーおこす。とにかく、扱いにくい子だったらしくて。でも、一歩外に出るとすごく人見知りして、あんまり友達とかも自分から積極的につくらないタイプの子どもで。なんか幼稚園とか行ってもなじめなくって、あんまり行きたくなかった。

でも、体は丈夫で、病気はほとんどしなかったけど。とにかく、幼稚園に行きたくなかったから、毎朝、なんか言い訳を作って、お腹が痛い、頭が痛いとか言って、とにかく幼稚園には行かないようにしていたの。だから、あんまり幼稚園にも積極的に行ったっていう記憶も、幼稚園の中で何したって記憶もあんまりないのよね。

でもね、うちの母親が子どもの頃から、けっこう苦労している人で、だからわりと、子どもに厳しかったのね。例えば、約束したことをきちんと守らないとか、何かやるって言っときながら、途中でそれを止めたりとか、そういうことにたいしてはものすごく厳しい人で。幼稚園とかもいいかげんなこと言って休もうとすると、けっこう怒るんです。だから、毎朝ケンカ。わたしは、とにかく行きたくないから、泣き叫んでヒステリーを起こすの。わたし、その頃、髪長かったから、うちの母親がわたしの髪の毛つかんで、ひきずり回すのよ。毎日、戦争みたいな。

すごいですね。なんか信じられません。矢野さんのお父様は、どんな方だったんですか。

うちの父は、岐阜の貧しい家庭に生まれて、いちばん末っ子で。きょうだい何人いたのかな。八人だか一〇人だかで。その中のいちばん末っ子で育って、小さい頃から、自分で働かなきゃ食べていけない生活だったらしいの。時代も、明治生まれだからね。子どもの頃から、行商の手伝いとかしてて、わたしが話に聞いているのでは、うなぎ売りとかしてたらしくて。

十八、九の頃、うなぎの行商を自分で始めて、二〇代の頃。柳ヶ瀬の繁華街で、飲み屋さんか何かを始めたらしいの。そういうふうに商売は始めたのだけど、もっと大きいことをやりたい、と思ったらしくて、チャンスを窺ってたの。東京に出て、なんか商売を始めたらしいんだけど、それがうまくいかなかったらしいの。

赤坂のミカド

保険の外交員になって、〝富国生命〟に勤めて、でもその頃、保険ってすごく売りにくかったの。昭和の初期頃だったしね。だからその頃、保険っていうと顔しかめて、保険に入ろうなんて人、あんまりいなかったらしいんだけど。父は、いろんな手を使って、というか、けっこう口がうまくて、まあセールスには本当向いている人で、全国でもね。だから、富国生命の社長さんにもかわいがられてたらしいんだけど。ちょうどその頃、戦争が始まって、父も徴兵されて、戦争へ行って、帰ってきて。

でも、日本は焼け野原だし、自分もお金ないしみたいな。富国生命の社長に会いにいって、まあ、トップ・セールスマンの看板をひきずってたから、名古屋にあった富国生命の土地を貸して欲しいと。土地って言っても、何も建ってない、ただの焼け野原だけれど。でも、その場所は栄町で、けっこういい場所でしょ。ただ、富国生命も、ただで貸すわけにはいかないから、父の退職金代わりみたいな感じで。

賃料を払うって条件で始めたのが……「進駐軍」って、知らないかもしれないけど、日本が戦争でアメリカに負けて、負けた国を統治するために派遣されたアメリカの軍隊のことね。その進駐軍を対象にしたキャバレーを始めたの。相手はアメリカ人だし、お酒飲みたいだろうし。日本には、まだそういうお店がなかったらしいの。そのキャバレーが大あたりしたみたいで、富国生命に家賃払って、商売はうまくいってたらしいの。

それから、ただのキャバレーじゃおもしろくないってことで、またそこの場所にパチンコ屋を作ろうとしてたの。でも、パチンコ屋をやるんだったら、他と同じパチンコ屋じゃつまらないってことで、店内にシャンデリアとかつけたり、じゅうたんも赤色ですごくゴージャスな感じの。そんな変わったパチンコ屋は、名古屋ではじめてだったから、それも大成功。そういう形でパチンコ屋を成功させて、いくつかの市内でもパチンコ屋を作ったのね。

　ちょうどその頃、わたしたちが生まれたのね。だから、父がすごく稼いでたから、うちもお金あってね。幼稚園の頃も、いろんな所に連れてってもらったわ。夏は、海の家みたいな所を借りて、一か月程滞在したし、冬はスキーで、どっかのホテルに泊まって、一週間くらいスキーしたりと。まあ、そんな生活だったから、どんどんわたし、わがままになっちゃって、家の中では、お山の大将みたいな。気にいらないことはやらないし、母親には怒られるし、おばあちゃんはもてあますし。もちろん、幼稚園は行かないし。まず、言うこと聞かない子ってことで、親戚の中では有名だったの。そんな感じで、小学四年生頃までできてね。

　ところが、わたしが小学四年か五年の頃に、父の仕事がうまくいかなくなっちゃったのね。それまで、父はどんどん事業拡大してて、ビジネスをやってる者の憧れみたいのがあって、名古屋だけでは満足できずに、東京進出したいと思ってたらしくて、東京の赤坂にすごく大がかりなナイトクラブを作ったの、〝ミカド〟っていう。実際にパリから踊り子さんを呼んだり、あのフランク・シナトラさんとかも呼んで、興行みたいなことをしたりと。すごく話題にもなったの。

だから、今の五〇代、六〇代頃の人に、〝赤坂のミカド〟っていうと、ほとんどの人は知ってるみたいな。だけど、そこはすごく話題は集めたのだけれど、すごく大がかりだったために、そこにかかるお金があまりに莫大だったために、名古屋でのパチンコ屋や他の事業がうまくいってても、そこに売り上げが吸いとられちゃうみたいな感じで。父としては、東京での事業に自分の夢の集大成みたいのがあって、絶対、成功させたいっていう野望があって。だから、他の事業のお金どんどん注ぎ込んでね。結局、他の事業もみんなうまくいかなくなっちゃって。

ある日、父がわたしたち四人姉妹を呼んで、「もう、お前たちには学校やめてもらわなきゃいけなくなるかもしれない」って言うのよね。突然。みんな、もうあっけにとられて、ボーッとしてて。「何？　どうしたんだろ、急に」みたいな。で、これまでのいきさつを聞いて、もうこの家にも住んでいられなくなるかもしれないし、学校やめて、働いてもらわないといけなくなるかも、と言われて。わたし、当時小学四、五年でちょっとショックを受けたのだけど、あんまり実感湧かなくって。でも、本当に会社、倒産しちゃって、税務署の人が差し押さえ、みたいので来るわけよ。そうすると家の中のものみんな、今まで使ってたソファとか、赤い札をベタベタ貼ってて、使っちゃいけません、みたいな。

でも、普通だったらそんな時、その頃、小さかったわたしたちは、きっと混乱しちゃうような時だったのだけど、うちの母親がね、前にも話したけど、小さい頃から苦労してる人でしょ。だから、あまりそういう状況にビクともしない人だったの。だから、わたしたちにも、あまりオロオロしなくてもいいのよ。学校もやめなくてもいいし、そんなに生活も変わらないのよ、って言ってくれたんで、わたしたちもあんまり動揺せずに過ごしてて。赤札が貼ってあるけど、そこの家に住んでたし。使っちゃいけないって言われてるソファでも遊んでたし。だから、わたしたちがそんな動揺せずにすんだっていうのは、やっぱり母親のおかげだなってつくづく思うのよ。

もう一つの家族

なんだかんだしてるうちに、そこの家も出てゆかなくちゃいけなくなって。まっ、その頃東山（註：名古屋市東部の閑静な住宅地）に住んでたんだけど、そこを出て、借家をかりて住んでたの。でもね、母親だけが東山に残ったのね。その頃は、なんで母親だけ、一人残ったのか分かんなかったけど、いま思えば、きっと、あれが母親のやり方っていうか、「わたしは、ここを立ち退かない」という意思表示だと思うのよ。だから、母はそっちにいて、わたしたちは別の家に住んで、行き来みたいな生活で。そういう生活が二、三年くらい続いて。

その頃、父は事業をたて直したいということで、いろんなことをやってみる一環として、レストランを始めてたんだけど。そこも、結果的にうまくいかなくって。父は、東京で出直したい、ということで一人で東京へ。母はまだ、その頃、名古屋の伏見に残ってた父のパチンコ屋がそこそこ収益があったから、そこへ働きに。わたしたちはそこの収益で暮らしてたの。

でね、少し話はさかのぼるけど、小学生の頃、おばあちゃんがわたしに、「お前のお父さんは、別にもう一つ家族があるんだよ」って言うの。まあ父は、その頃、仕事忙しくて一週間に一日、二日しか家に帰ってこなかったの。だからわたしも、一日、二日しか家に帰ってこない人だなあと思って、別に寂しいとかは思ってなくって。おばあちゃんとお母さんがいればいいと思ってて。そんな時、おばあちゃんからそのこと、聞いたのね。でも、わたしは子ども心にうすうすと気づいてたの。「あっ、やっぱり、そうだったのか」って。

要するに、父はうちの母ともちろん正式に結婚してて、でも、東京にももう一つ家族があったのね。そちらにも、お子さまがいたの。しかも、そっちは男の子もいたから、うちは女の子だけでしょ。だからやっぱり、自分の事業の後継者のことを思ってたんでしょう。だから、向こうに行く回数が多くなっててね。東京で事業もしてたし、〃ミカド〃も作ったし。だから、ほとんど東京へ行ってて、名古屋に帰ってくるのは、たまにだったわけ。

わたしたちは、ちょっと複雑な気持ちもあったんだけど、それほど、大混乱もなかったの。母親が女性として、心の中でどういうふうに感じたかは分からないけど、少なくとも、わたしたちの前では感情的にはならずに、普通にしてたから、わたしたちも普通に、みたいなね。それに、父はほとんどいないって認識だったし。別に、家族がいるって言われても、わたしたちは、「あっ、そうなのか」っていう程度で。でもね、いちばん下の妹がそれ聞いて、けっこう傷ついてて、やっぱり、父親にたいする反発とか、何かがあったみたい。いま現在でも、それは、妹の中にあるらしいの。

でね、わたしは、父の事業がうまくいかなくなった小学五年までは、わがまま放題の子どもだったんだけど、父のこととかあったし、いくらなんでも、五年生にもなると、そこそこ人間も目覚めてゆくし。これではいけない、と思って、五年の頃から学校にもちゃんと行くようになったわけ。小学校も椙山だったんだけど、小学四年生までは劣等生で、学校にほとんど行かないから、成績も悪くって、体育だけ「5」で、あとは「2」か「3」みたいな。このままだと、出席日数足らなくて、留年しますよ、みたいな子どもだったんだけど。五年で目覚めて、逆に、勉強もおもしろくなっていって、五、六年、けっこうしっかり勉強もやって、生徒会長もやって、そのまま椙山女学園の中学へ。

天文学

中学でも、けっこう学校が好きになって、ちょっとぐらい熱があっても学校行く、みたいな。信じられないでしょう。今まで学校へ行かなかった反動かもしれないんだけど。やっぱり、勉強もおもしろかったりで、中学三年でも生徒会長やったのよ。ただその頃は、学校はとてもおもしろかったんだけど、中学三年にもなると、自分の将来やりたいこと考えるでしょ。その頃は、今までの父親をみてたから、事業は絶対やりたくないって思ったのね。大変そうだしね。その頃勉強好きだったから、研究者になりたいって思ってたの。

でね、わたし、その頃、まだ人見知りって性格がずっと尾をひいてて、まあ学校では、別にみんなと話もするし、生徒会長だったから、全校生徒の前で話もするし、会議とかもするけど、基本的には、そんなにみんなといっしょにいるのが好きというわけではなかったの。どちらかと言うと、一人でいる方が好きだったの。今でも、そういうところあるんだけど。一人で何してるかっていうと、昔の家、わたしが小学生だった頃に住んでた家に屋上があったの。だから、屋上に出ては、星を眺めてたの。当然ながら天文学に興味を持ってたの。とは言っても、そんなに天文学について勉強してたわけではなくって、ただ単に、〝宇宙〟に興味があったの。

家の前に、山を一つ隔てて向こう側の山に、ちょうど名古屋大学の天文台があったの。それがちょうどドームの形してたから天文台だと思ってたの。でも、実はプラズマ研究所（註…正しくは、太陽地球環境研究所）だったわけ。でも、当時は天文台だと思ってたから、あの名古屋大学の天文台に入って、将来は研究しようと思ってたわけね。だから、このまま椙山の高校へ進むと、将来そういう方向へ進むのは、厳しいと思って、だから、公立の高校へ転校したいと思って。

ところが、椙山っていう所は、もう九十九パーセントの生徒がそのまま高校へ進学するじゃない。受験するのは、わたし一人なのよね。だから、先生からも、「過去にも、おまえみたいな生徒はいなかったぞ。受験して失敗しても、もう二度と椙山には戻ってこれないぞ」みたいに言われたけど、わたしは、天文学勉強したかったから、「いや、受験します」って。

うちの母親も、そんなに子どもにガリガリ勉強させるの好きじゃない人だったから、受験してまで、他の学校行かなくてもいいじゃない、って。ほら、わたしって〝天の邪鬼〟じゃない。だから、みんなが反対すること余計に燃えるみたいな。でも逆に、それをやりなさいって言われてたら、やんなかったかもしれないけど。だから、みんながいいじゃない、そんなのやらなくてもっていうことを、じゃあ、わたしはやるからっていうね。変わってるでしょ。

だけど、周りがみんな椙山に進学するって中で、一人受験勉強するってことは、大変だった。まず周りの子は勉強しない、でもって、わたしも、一人じゃ不安で。だから夏休みとかは、河合塾（予備校）の夏期講習とかいってね。高校選びも、天文学クラブがある高校にしようと。でもその頃、天文学クラブがある高校は、名古屋で二校ぐらいしかなくて。でもその高校、どれもけっこうレベル高かったのね。

ちょうどわたし、その頃、ＹＭＣＡに通ってたの。ＹＭＣＡでグループ活動してて、そのグループのリーダーって人が名古屋大学教育学部の人で、その人すごくいい人だったの。みんなの話、すごくよく聞いてくれる人で、まあ相手は、わたしたち中学生なんだけれど、大学生のリーダーが中学生の面倒みてたわけ。キャンプとかのグループで行ったりとか。そのリーダーが本当に真面目な人で、いろんなことを真剣に話すわけよ。だから、その人に受験のこと相談しようと思ったの。

そしたら、君はまだ中学生だから、今から自分の将来を狭く考えない方がいいって言われたの。まだ、いろんな可能性があるって。今までは天文学やりたいって思っているかもしれないけど、高校入ったら、また他のことやりたいって思うようになるかもしれない。だから今、天文学クラブがあるって理由だけで、高校選んじゃうと、自分の中の幅をもてなくなるかもしれないから、もう少し長い目でみてね。いま決めなくてもいいんじゃない。それよりも、自分の家から近いとか、勉強しやすい環境とか、そういう全体的な面で高校選びした方がいいって言われて。そんなもんかなあ、と思ってすごく悩んだ末、結局、その人が言った通り、家から近い高校を受けることにしたの。だから、名古屋大学教育学部附属高校にしたわ。

でも、そこも受かるか受からないか全く分からなかったのね。だけど、とにかく受けてみたの。でも、その学校は、他の学校とはちょっと違ってたの。そこの学校っていうのは、教育ってことにおいていろんなことを実験、研究する学校で、受験も、必ずしも成績のいい子から何人とるわけではなくって、もちろん、あまりに悪い子は足切りするんだけど、ある程度から上は平均的にとりたいって学校だったの。

だから、成績のいい子から上位一五〇人とりますってのではなく、ある程度の子だったら、平均的にとって、その中で、高校でいろんなことを実験、研究して、その子たちがどういうふうに成長していくかをみる学校だったらしいの。だから、その学校にわたしが向いてたのか、よく分からないけど、どうにか名古屋大学教育学部附属高校に入学できたの。

高校は、そこの中学も同じ敷地内にあるから、中学校の子とも仲良くなれたし、行事も多かったから、他の学年の人とも仲良くなれたわけ。それに、わたしたちの学年は本当に個性的な人が多かったの。例えば、勉強できて、みんなから尊敬される子もいるし、勉強できなくてもスポーツは負けないって子もいたし。あっ、あと、勉強もスポーツもダメだけれども、文章書くことがすごいうまい女の子もいたの。その子は、東京の学校から転校してきた子で、すごくおもしろい子で、その子が新聞部を作ったの。でね、その子は学校にたいして、すごく批判的なことを新聞に書いたりしてたから、けっこう、いつも過激な新聞だったの。でも、すごくおもしろい新聞だったわ。

だからわたしも、その頃、バスケットボール部に所属してたけれど、ときどき新聞部に頼まれたりすると、よく寄稿してたわ。あと、わたしたちクラスの結束も堅かったから、勉強がどんなにできる子でも、遊び心があって、ちょうどうちの高校は、上の名古屋大学の教育学部の人たちがわたしたちの所で、教育実習をする機会が年に四、五回あったの。教育実習に来たりする先生にいたずらをするんだけど、全員がやるのよ。つまり、わたしはやりたくないって子が一人もいないの。

例えば、授業始まる時、先生が来るじゃない。その時、みんなで屋上に逃げちゃってて、クラスの中は誰もいない。そうすると先生は、「授業、まちがえたのか?」と思って、職員室に戻って時間割をたしかめるの。でも、やっぱり自分の授業なの。「おかしいなあ?」と思って、クラスに戻ると、その頃にはみんなが戻ってると。

えっ、やり方がいやらしいですね。

　でしょ。ちょっとひどいことをしたのは、まあこれもみんなで結託してやったんだけど、一人女性の先生でね、すごくきれいな人がいたわけ。ちょっとすましてて。それで、みんなが、「気にいらない！」みたいな。ある日、その先生がクラスに来るまえに、教壇のこういう所にニスをベターって塗って。先生は何も知らないから、いつも通り、「おはようございます。出席をとります」って。その日、先生が白いスーツを着てたわけよ。その白いスーツに、ベターって、ニスついちゃって。その先生もパニックになって、泣いちゃったの。かわいそうに、みたいな。その手のいたずらを、次から次へとやったものよ。

　あとね、授業中なんかに、よくあてられるでしょ。そん時に、いかにおちゃらけた答えを言って、みんなを笑わせるかってことも競ったわけ。わたしが実際にやったのは、ある日、漢文の授業で、あっ、その先生は、本当の新任の先生なの。教育実習ではなくてね。その日、わたしがあてられたの。「読みなさい」って。それで、本当に勉強してなかったし、分からなかったってのもあるんだけれど、「読めません」とか「分かりません」って言えばいいものを、「ちんぷん漢文です」とか言って、みんなを笑わせて楽しんでいたりとか。

先生たちも、本当ユニークな先生多くて、わたしがいつも遅刻すると、あの、昔からわたしは遅刻がちで、いつも授業が始まる少し前か、ギリギリに来るの。今もそうなんだけど。高校の頃も、毎日遅刻してたの。そうすると、わたしたちの数学の先生が、わたし、その頃、山田っていう名字で、「山田、何してる！」って怒るのね。いつも窓から見てるわけ。でも、ただ窓からどなるだけで、特に真剣に怒んないの。だから、教室に呼び出されてお説教だ、みたいなこと一切なし。だから、先生も毎日わたしをどなるのが日課、わたしもどなられるのが日課、みたいな。だから、あんまり締めつけがない学校で、本当、おもしろかったのね。

考えることのおもしろさ

勉強の面では、その頃、大学へは理科系の物理学科へ行きたいと思ってたわけ。ちゃんと勉強すればいいものを、ほら、一年は、けっこうそういうふうに遊んじゃったから、二年になって、新しい物理の先生に変わり、今までは、物理のテストはほとんどテキストから出題されてて、それを覚えてれば、簡単に答えられる、応用力はあんまりいらないみたいな。でも、二年になって新しい物理の先生が作った、二年ではじめてのテストは、今までみたいに、テキストを暗記しただけでは、とても解けない問題だったの。まずは、問題が二問しかないの。しかも、その問題、読んだだけではサッパリ分からない、問題の意味が。今でもその問題は覚えてるくらいだもの。クラス中、みんな一時間ボーッとして過ごして。ほとんど全員がね。半分以上零点で、再テストだったんだけれど。

でも、その時はじめて、物理っていうのは、その定理や公式を覚えることだけではとても立ち向かえないものなんだなっていうことが、その先生によって思い知らされたわけ。今まで、自分って、テストとか暗記とかして、いい点とって満足してた。だけど、その先生によって、〝考える〟ということを学んだの。例えば、なんかすごい難問があっても、考え方によって解けるんだ、っていうおもしろさを知って、今までとは別の意味で、勉強っておもしろいなって思ったの。

それで高三、受験生になったの。大学も理科系の学部志望だったわけ。進路指導の先生に、「名古屋大学を受けたい」って言ったの。もちろん、子どもの頃からの夢だったから。そしたら、先生に笑われたの。「成績が伴っていない」って。わたしはショックで、何もそこまで笑うことないじゃないって思って、絶対、名古屋大学は受けないって決めたの。もう、名古屋市内にある大学も、一つも受けなかったの。結局、受験校は、東京のＩＣＵ（国際基督教大学）、信州大学、そして大阪市立大学。ＩＣＵはダメだったんだけど、市大は受かったわけ。

でも市大は、物理ではなく、化学《ばけがく》の方で合格しちゃったの。第一の物理はダメだったのね。でも、やっぱり物理がやりたくて、信州が前期でダメだったから、後期で再チャレンジしようとしたのだけど、受験することにもう疲れちゃってたし。学校の先生も、「お前の成績で、市大受かったならメッケものだ。まぐれにしては良くやった。入らないともったいないぞ」と言われて、そんなもんかなあ、と思って大阪市大に入ったの。そこで化学の授業に出たんだけれど、しばらくすると、やっぱり自分の本当にやりたいこととは違うって感じて、物理にまだ未練があって。だから、物理学科の学生が羨ましかったの。

そんな頃、クラブはスキー部に入ったの。そしたら、スキーがとてもおもしろくなっちゃって。今度は勉強の方がおろそかになってしまって、たまに講義に出ても、ぜんぜんついていけなくなって。しかも先生には、「もっと講義に出てきなさい」って注意されるし。だから、さらに化学から遠ざかってゆく、みたいな。でもね、今でも思うんだけど、そこらへんがわたし、中途半端なのよね。そのまま貫けばいいものを。

〃プチ・ブル〃

わたしが大学に入って熱中したものは、スキーともう一つ、それは学生運動なのよ。もともと、わたしが高校生の時、大学紛争っていうのがあって、わたしは、そういうのをテレビで見ててね、「あっ、すごいことやるな。なんでそんなことするんだろ。わたしとは無縁の世界だ」としか思ってなかったの。でも、わたしが大学入った当時は、既に大学紛争は終ってて、ほとんどの大学は、みんなが普通の大学生活に戻ってたわけ。ところが大阪市大だけは、大学紛争がまだ残ってた大学だったわけ。だから当然、〃セクト〃っていう、いわゆるその社会の中で、主張を同じくする宗派のことなんだけど。その人たちがこうヘルメットかぶって、わたしたち新入生に、「うちのセクトへ入らないか」って勧誘してくるの。

でね、わたしもあるセクトの人たちから、「あなたは、この社会をどのように考えていますか」って聞かれて、わたし、社会のことなんて考えたことなかったから、なんかボケッとした答えを言ったわけ。そしたら、「あなたはプチ・ブルです」って言うの。〃プチ・ブル〟っていうのは、プチ・ブルジョアってことで、ブルジョアもどき。つまり、ブルジョアっていうのは、社会主義の中では、労働者から見ると〝敵〟なのね。だから〝プチ・ブル〟っていうのは、ブルジョアではないけど、頭の中では、ブルジョア同様だって言われて、なんかショックだったの。

今まで自分の頭の中では、変な話だけれど、人間はみな平等で、優劣はない、公平な社会だっていうような考え方は漠然にあるわけでしょ。そういうふうに思ってたにも関わらず、〝プチ・ブル〟って言われて、けっこう真剣に考え込んだの。そういうこと、真面目に考えちゃう年齢でしょ。だからわたしも、社会を変えるために立ち上がらなくてはいけないのかな、とその頃から少しずつ考えてたのね。

でも、一方でクラブも楽しくて、没頭してて、その中で杉浦さん（聞き手）のお母さんとも出会って、スキーは止められなかった。勉強は、それ自体が嫌になってきてたのよね。ほとんど講義は出てなかったの。だから、そんな状況の中で、こういうふうに世の中を変えようと思っている人がいるんだって、新鮮な感動を彼らに覚えて。真剣にわたしたちが、社会を変えなきゃ、世の中変わらないんだっていう気持ちも、彼らに感化されてね。わたしがやらなくても、他の人がやってくれるからいいやってことではなくて。そういうふうに、みんなが思ってたら、少しも世の中変わらないじゃない。自分がまずやらなくてはって、真剣に感じて、わたしは、あるセクトに入ったの。

ちょうどその頃、成田空港がオープンする、まっ、国としては、成田をオープンさせたい。だけど成田に住んでる住民としては、土地を売りたくない、ここで農業を続けたいって、両者がすごく衝突したわけ。国が、よせばいいのに、強制収用って言って、空港予定地を強制的に立ち退かせる、みたいなことしてて。成田の住民も、反対派と賛成派に別れて、けっこう対立して。賛成派の人たちは、さっさと土地を売って、移転しちゃってると。賛成派の人たちから買った土地で、空港予定地の半分くらいは確保できたけど、あとの半分は、反対派の土地なのね。でも、その半分の土地を確保しないと、滑走路ができないみたいな土地だったのね。

その反対派の応援に、全国の学生運動の生き残りみたいな人たちが押しよせたの。もちろん、わたしが所属していたところも、そこでデモをしたの。反対派の人たちの家に泊めてもらって、農業を手伝いながら。だから、デモのない日は、すいかのとり入れとか、ピーナッツ畑の雑草とりとかね。そんな成田の状況を見て、わたしの中では、世の中変えるとか以前に、素朴にやってて住んでる人たちで、この土地で農業続けたいって思ってる人たちなのに、なんで強制的に立ち退かせてまで、滑走路造んなきゃいけないんだろ、って素朴にあって。政治的な、なんとか、かんとか以前に、この人たちの持っている土地で、自分の土地で、自分の仕事をしたいって思っているだけなのに。なんで空港造るために、無理矢理脅かされなくちゃいけないのかって思って、そういう国のやり方に反発を感じてたの。

でも結局、今や立派な滑走路ができてる通り、年月が経って、世代もかわって、反対派の人たちも諦めたけれども。強制収用してた当時、ひとりのおばあちゃんが、ほら、年老いてる人ほど、自分の土地への愛着って強いものでしょ。その七〇歳くらいのおばあちゃんが、自分の身体を木にくくりつけて、「強制収用するんだったら、わたしを殺してからにしなさい」って言ったの。わたしもちょうどその現場にいた時に、その事件がおこったの。でも、結局おばあちゃんは、木を根っこごと、ブルドーザーで掘り返されて、倒されて保護されたんだけど。それ見てて、そこまでして、その人の土地をとり上げる権利がどこにあるんだろうって、すごく憤りを覚えたの。

優生保護法

もう一つ、そういう学生運動してて、大きな問題にぶちあたったの。それは、今でもよく分かんないんだけど、〝差別〟ってものに関係しているのね。わたしたちは、障害者の人たちが主催した集会に参加したのね。それは、〝優生保護法〟に反対する集会だったの。〝優生保護法〟っていうのは、女性にたいする堕胎の権利を認める、要するに中絶よね。例えば、無理矢理、セックスされて子どもができちゃって堕せない、ってのは困るでしょ。だから、それを法律化することによって女性を守る法律だ、って一般的にはされてたのよ。

でも、障害者の人たちから見ると、別の見方があるわけ。例えば、今は妊娠して何か月かすると、子どもの形が外から分かるじゃない。男のか女の子かとも判別できるし、その子が障害もっている子かそれとも健康な子か。もし、障害をもっている子であれば、たぶんかなりの人が中絶したい、と。でも、その優生保護法ができることによって、障害者の差別が広がる、って言うわけよ。障害をもってるから中絶したい、障害をもって いる子は生まれてくるべきではないって。本来、障害をもっている人間たちは、この社会にいて欲しくない存在である、まあ、すごく極端だけれど。でね、そういうことが〝差別〟につながる、って彼らは言うわけ。

でも一方で、彼らの中では、こういう人もいたわけ。この世の中は、障害をもってるわたしたちのような人間にとって非常に生きづらい世の中である、と。実際問題として、いくら〝差別〟をなくすべく、一部の人たちが努力してると言いつつ、やっぱり、街を歩くのだって不便だし、混んでる電車に乗れば邪魔にされる。実際、電車でもバスでも、車椅子じゃ乗れないから、誰かに持ち上げてもらわないと乗れないとか。いろんなことあって、生きてくのに非常に不便だ、とね。であれば、障害もっている子を産みたくないっていうのは、ある種しょうがない、っていう人たちもいるわけ。でも、障害もってる自分が、そういうこと言うことは非常に辛いことである、と。

そういう集会に参加して、自分自身も、すごく辛くなっちゃって。あ、一体どっちの言っていることが正しい、って言い方がおかしいけど、わたし自身、もし自分に子どもできてね、その子が障害もってる子どもだったら、自分はどうするんだろって思った時に、なんかどっちとも言えない。だから、障害もってる子を堕すのは罪だ、とも言えないし、だからって、産まなきゃいけない、とも言えないし。なんか、辛いものがあるなって。いまだに、どっちとも言えない、難しい問題よ。

でもね、学生運動してる人たちって、〝それは差別だ〟って、明確に答えを出しちゃうわけよ。だって、親の気持ちからすれば、この社会で、自分の子どもが生き延びてゆくことが、どれほど辛いことか分かるじゃない。でも、反対に産んでしまえば、「かわいそうだ」なんて、言ってられない。なんとか立派に育ってもらわなくちゃいけないから。その子が、「自分は障害者だ」って卑下する必要もないし、障害をもっていることは、人間としての一つの〝個性〟でしかないんだ、って、その子には思って生きてってほしいけど。生まれてくる前に、それ判断しろ、って言われたら、すごい悩むだろうなって思うわけ。

でも、わたしの周りの学生運動の人たちは、すぐに〝差別〟と割りきってしまう。そこですごくギャップを感じたの。わたしと学生運動の人たちと。これまで共同活動してきても、いろいろとギャップは感じてたんだけど。この〝差別〟の問題で、わたしは、それを〝差別〟だと言い切れない自分がいて、すごく悩んで、このまま学生運動を続けるのはしんどいな、って感じて、そのセクトから脱退したの。

でもね、最初は、自分がこの社会を変えるんだって、前向きな気持ちでそういう運動に参加したのに、結局は、辞めることになって、中途半端でね。「やっぱり、わたしはダメだなあ」って、すごい挫折感を感じたのよ。わたしにとっては、そういう自分に、けっこう腹がたっていた時だった。そういう挫折感が、ずっと足をひっぱっていって、学校へ行くのも気が重くなって。しかも、自分の中の精神的な葛藤もあって、あんなに好きだったスキー・クラブもやめちゃったのよね。

化学から社会へ

だから、その学生運動によって、自分の考え方とか、少しずつ変化したっていうか、勉強の面で、今まで自分は理系だとしか思ってなかったから、文科系の勉強なんて、少しも興味がなかった。でも、その学生運動を通して、次は〝社会〟のことに目が向いたでしょ。だから、次は文科系の学問に興味をもつようになったわけ。社会学や心理学とかね。

だからわたしは、決めたらすぐ、いろいろ行動しちゃう方だから、先生に突然、「学部変えて下さい」って言いに行ったわけ。理学部に入ったけど、大学入って、いろいろ見たり体験してみたら、自分がやりたいことが変わった、って説明したの。その頃、やっぱり学生運動の影響だと思うけど、法律の勉強したい、って思ったから、法学部へ行きたいって言ったわけ。そしたら、「そんなこと言ってきたのは、あなたがはじめてだ」って。先生びっくりして、大学始まって以来、理学部から法学部へ変わりたいって人いなかったのよ。

そして一年間ぐらい、「そんなこと無理だ」って言われ続けて、だから相変わらず、大学へも行かずにブラブラしてたら、大学入って三年目ぐらいに、それでもまだわたしが、「学部変わりたい」って言うもんだから、化学の教授が、すごくいい人だったので、「そんなに化学をやりたくないなら、ここにいてもしょうがないでしょ。僕が教授会で文科系の先生に話してあげましょう」って言って下さったの。

でもね、今はどうか知らないけど、その頃の市大は、理学部より法学部のがレベルが高くって、つまり、わたしのいる理学部っていうのは、法学部に比べればレベルが低いわけよ。だから、「もう一回、法学部を受験し直して下さい」って言われちゃって。それはさすがに、わたしも無理があるなあ、って思ったのよ。でも、どうしても行きたいのであれば、根性すえてがんばればいいものを、そこまでの根性がなくてね。でも、文学部の先生が、「文学部だったら引きとってあげてもいいよ」と言って下さったので、まあ、少しいい加減なんだけど、「文学部でもいいか」と思って、結局、文学部へ行ったの。その頃、大学四年くらいかな。

でね、その頃わたしの家の状況もよくなくって、父は会社倒産したあと、東京へまたやり直したいって行って、東京でいろいろ事業をやってみたけど、どれもうまくいってなかったの。だから、金銭的な面で、母親に負担かけるの嫌だったから、二部の、夜間の文学部に移ったの。だから、お昼はバイトして、学費ためて、夜は講義、みたいな。ぜんぜん、昔の裕福な暮らしとは違うでしょ。夜間の文学部に入ってみて、いろんな人間がいたの。普通の銀行員の方とか、わたしと同じように挫折して、もう一度、はじめからやり直してる人、いろいろいて。わたしもだんだん彼らに刺激されて、勉強、がんばったの。大学入ってから、ほとんどやらなかったからね。そのままいけば卒業だったんだけど、父がその頃、東京でまた小さな会社を始めたわけ。パチンコ屋さんの景品を開発する会社だったんだけど、父がそこを手伝わないか、と言ってきたの。

でね、わたし、その頃、大学六年目の頃かな。スキー部の人とわたし、同棲してたの。彼もけっこういい加減な人間で、仏語か何かを専攻してて、きょうだいのいちばん下の末っ子として育ったせいか、自立心のない人だったの。なんでかよく分からないけど気が合って、同棲してたわけ。でね、彼も卒業して、特になんの仕事に就くってこともなくって、けっこうプー太郎が好きな人で。でも、芸術家タイプで、ギターもうまかったし、絵もうまかったの。だから、二人でね、このまま卒業しても、別にどっかに就職するなんて気、二人ともなかったから、二人して父親の会社手伝うのもいいか、って思って、東京へ行ったの。だからわたしたち、大学を卒業してないのよ。

"よくここまで"の手紙

でね、父親の会社をしばらく手伝ってたわけ。でもね、父って、わたしと子どもの頃からあんまり接触がないじゃない。たまに父が家に帰ってきても、話もしないような状況だったわけだから、急にいっしょに仕事しても、うまくいくわけないじゃない。お互い、考えも違うし。だから半年くらい、父を手伝っていたけれど、結局、父とはいろんな理由から、これ以上いっしょにやっていけなくなって、二人とも、父の会社、辞めたの。でも、二人とも、上京してきちゃってるから、なんか仕事をしなくちゃいけない。

でね、わたしはその頃から、まっ、父の影響なのかもしれないけど、飲食関係の商売をやろうかな、と思ってたの。でも昔、父が経営してたとはいえ、現状の状況とかぜんぜん分からないじゃない。だからまずは、現状からということで、手はじめにフランス料理店にアルバイトとして雇ってもらったわけ。彼は、手先が器用な人だったから、宝石を加工する鋳金の仕事を見習いとして始めたの。ところが、わたしが働いてたフランス料理店のチーフ・オーナーが倒れちゃって、しばらく奥さんと従業員とでお店をなんとかやってたんだけど。奥さんは、フランス料理つくれないから、お店もだんだん売り上げなくなってゆくし。それで、その店自体が人を雇っておくのに非常に厳しい状況になったから、わたしも辞めなくてはならなくなって、辞めたわけ。

それから次は、日本料理店で、そこは懐石料理だったんだけど、その店では社員として採用されたの。そこは、仕事が昼と夜の二交代制だったんで、週二日はお昼働いて、あとの三日は夜で。夜だと午後四時から一〇時まで。だから当然、彼はお昼の仕事だから、すれ違いの生活になるのよ。でね、わたしたちその頃、正式に結婚してたの。だから当然、籍も入ってたの。まあわたしたちは、ときどきすれ違いの生活だったけれど、それほど苦にはならなかった。

でも、そういう生活が六年間くらい続いたわけ。なかなかお金がたまんなかったの。というか、遊ばないでお金ためればいいものを、二人共遊んだりするの大好きだから、いつまでたってもお金はたまらない、みたいな状況で。だからわたしは、飲食関係のお店をつくるっていう計画にほど遠いのよ。でね、わたしの実家の家には、もちろんお金がないし、母もわたしが大学五年の頃に亡くなったの。しかも父は、自分の事業のことで頭一杯の人でしょ。だから、ぜんぜんあてにはならない。他人はあてにはならないから、やっぱりわたし自身ががんばらなきゃ、目標にはたどり着けなかったわけ。

ところが彼の方は、そういうビジョンが何もない人なのよね。その日暮らしてゆければいい、みたいな人で。でも絵が好きだから、将来は、フランスへ行く、って言ってるわけよ。でもわたしは行きたくないから、一人で行けば、みたいな感じで。だから、そんな感じで六年間共に過ごしてきたわけだから、そんなんで、やっぱり二人ともうまくいくわけないじゃない。お金はたまんないし、ビジョンは違うし。だから、だんだんお互いイライラしてきて、ケンカがちになってきて、わたし自身もこんな生活してたらダメだ、と思って。この辺で区切りをつけようと、家を出ようと決心したの。それを彼に言ったら、彼はそういうことあんまり深刻に考えない人だから、「あっ、そう?」みたいな。だから、彼としては何か月かしたら、わたしは戻ってくるって軽く考えてたのよ。

でも当然、わたしは戻る気ないから、わたしはその頃、小さなアパート借りて住んでたの。でも、わたしが全く戻ってくる様子なかったから、彼も、わたしが本気なんだ、ってことに気づいて、何回か二人で話し合いをしたり、手紙のやりとりとかもしたけど。結局は、いっしょにやってけない、みたいな結論がわたしの中で出て、離婚しよう、みたいな。そしたら、彼のお母さんが、やっぱり、自分の息子の性格とかよく分かってるから、「よくここまでうちの息子とつき合ってくれた」みたいなお手紙をもらって、そこで正式に離婚したの。

でもね、自分の意思でそうしたたし、そんなに揉めずに離婚した、とはいえ、やっぱり、辛いものがあったの。また中途半端なことになった、っていう。また自分の中で、いろんな複雑な思いがあったの。そんな想いがいろいろ自分の中であって、整理できずにいたんだけど、わたしも気を入れかえて、なんか仕事しなきゃ、と思ってたの。

たしかに、辛い結末を迎えたわたしたちだけど、彼とわたしは別々の道を歩き始めたのよって、わたしの中で割りきっていたの。でも再び、仕事を探せって言われても、どうしよう、って感じで。前みたいに、飲食店を開くっていうのも……。そんなこと言っても、お金がないんだから無理でしょ。だから、そういう自分の夢とかから目をそらして、今度からちゃんとした仕事へ就こうと思ったの。それが二十九歳よ。

それで、通信教育の学校へ入ったの。でもそこは、ある方が紹介して下さったの。でね、その紹介者の人が、その人は、わたしの前歴を知っている人だったから、「今度は、簡単に辞めてもらっちゃ困るのよ。僕が紹介するんだから、少なくても三年か五年はちゃんと仕事して下さいね。それができないなら、紹介はできません」ってはっきり言われたわけ。わたしも、本当に切羽つまってたから、「ちゃんとやります」って断言したの。それから真面目に勤めたの。でも、言って見れば、二十九歳ではじめての就職じゃない。だからコピーのとり方も分からないし。だって今まで、働いてた飲食店じゃ使わないじゃない、コピーなんて。それにFAXも知らないし、そういうこと教えてもらいながら、結局、その会社に五年いたの。

その会社で、いろんなことやらせていただいたの。もちろん最初は、事務のお手伝い、みたいな。でも、しばらくして、新規講座の開発みたいな仕事をさせていただいて、毎日雑誌や新聞見て、いろんな記事をひろって、こういう講座やったらおもしろいんじゃないか、っていうのを会議で提案するのね。わたしは、どうしてかよく分からないけど、いろんなアイディアを考えることが好きでね。だから、いろんな講座のアイディアを考え、それを会議の席で発表するのをやってたの。

そしたら、その会社が通信販売をすることになったのね。通信販売をするんだったら、どういう商品を売ったらいいかっていうことになって。その会議の時、ある人がスペイン家具を持ってきて、「これはどうですか？」って言ってきたの。そしたら、みんなが家具なんて通信販売で売れないよ。しかも、スペイン家具なんて日本の家庭に合わないよ、って反対したのよ。でもわたしから見れば、それはすごくかわいい家具だったから、「いいじゃないですか。きっと売れますよ」って気軽に言ってみたら。「じゃあ、やってみるだけやってみよう！」って話になって、実際にやってみたら、その家具、すごく売れたの。

それがきっかけとなって、その通信販売の担当をすることになったの。入社して二年目ぐらいだったのかな。内容は、商品販売、カタログの撮影、カタログ配布、カタログの広告出したり。それを〝売り出す〟ことを決定するのは上司だけれど、作業的な部分は、すべてやらせていただいたの。

一時は、そういう形で通信販売が大成功をして、最終的には売り上げも何億という売り上げにもなったけど。やっぱり、一通り売ったら、売れなくなってしまって、売り上げも落ちてきて。最終的に、その会社自体が通信販売の商品の在庫を持つことが負担になって、通信販売から撤退しよう、ということになって。通信販売の事業ごと他の会社に売ってしまったの。わたしとしては、こんなに一所けんめいになってやってきたのに、今まで何だったんだ、って、また中途半端でおわって、また挫折感を覚えたの。

でも、人の会社だからしょうがないんだけど。また新しい何かを始めるため、そこの会社の通信教育の方へ戻って、一年間くらい仕事をして、新しい講座を作ったの。それは、インテリア・コーディネータの講座で、提案から開発から実践講座を作るまで、全部、わたしが関わってやったの。その広告を出してみたら、けっこう人気があって、成功したの。そうなった時やっと自分の中に、最後までやり遂げたぞ、っていう達成感があったの。今度は、中途半端じゃないぞ、っていうね。そうなったところで、この会社の中で一つでもやり遂げたことがあるかな、と思って、もうすこし、自分の中でステップアップするために、そこの会社を辞めさせていただいたの。入社して、ちょうど五年目だったし、区切りかなって。

それから、人材派遣の会社に入ったの。そこは、いまでも日本でトップの人材派遣会社なのね。「テンポラリー・センター」って、その頃は呼ばれてたけど、いまは「パソナ」（註…www.pasona.co.jp）って会社なの。でも、そこに入社して、人材派遣がやりたい、ってことより、人材派遣って、その頃まだよく分からなかったの、わたしは。最初の入社面接の時に、「人材派遣って、一体なんですか？」って恥ずかしながら聞いたけど。

それでも、どういうものか分からなくって、あげくの果て、「あの、わたしは人材派遣というよりはマーケティングやりたいんです」って言ってしまったの。マーケティングっていうのは、企業が商品、サービスを市場へ流すための活動のことなのね。そしたら、「うちにはマーケティングの部署はありません」ってはっきり言われちゃった。変な人が来たな、って思われたんだろうね。面接でおかしなことしちゃったから落ちたかな、と思ってたわけ。そう思ってたら、その夜、連絡が来て、「面接担当のお仕事でしたら、入社していただけますよ」って。その仕事は、つまり、派遣で登録しに来た人の面接をする人だから、面接の試験官みたいな。でね、その会社の案内を見たら、そこは人材派遣だけじゃなくって、教育事業とか、いろんな新規事業もやってる会社だったんでおもしろそうかな、と思って入社することにしたの。

最初は、新宿支店で、さっき言った通りの面接試験官やってたのよ。まあ、そうこうしてたら、最初、わたしがマーケティングやりたいって言ってたから、上司の方が、それだったら、教育研修の企画をやって下さい、っておっしゃったので、登録をした人たちを対象にした、いろんな教育研修の企画をさせてもらったの。それを、二年間やってて、内容は、経理で登録した人に経理の研修をする、パソコンで登録した人にパソコンの研修をする、みたいなことやってて。

その会社は、人材派遣だけではなく新規事業をたくさんやってる会社だから、いろんな分野があるのよ。主に三つに分かれて、飲食、物販、教育だったのよ。飲食は昔、わたしがやりたいって思ったやつで、教育も興味があったの。じゃあ、なんで〝教育〟に興味をもったのか、と言うとね。わたしが派遣の登録の面接、二年間やってて、いろんな人たちと話してると、けっこう、女性がなんの目的もなく会社辞めちゃって、辞めてからどうしよう、って感じで、再就職もできずに、派遣に登録に来る女性が、その頃けっこう多かったの。

　だから、これではいけない、と思って。なんかもう少し女性が、自分のキャリアのことを考えるようなシステムがあってもいいんじゃないか、と思って。それにテンポラリー・センターだったから、そういうことやるのにぴったりなんじゃないかな、と思って。キャリアについていろいろ相談したり、キャリア・アップのためにセミナー開いたり、そういう〝教育〟の面でのサービスを、会社に提案したのね。〝提案箱〟みたいのがあったの。

　でね、最初はなんの音沙汰もなかったの。三回くらい同じこと紙に書いて、提案箱に入れたのよ。そしたら、その代表者のある方にお会いできる機会があったの。社員会とかでね。そういう機会にその方をつかまえて、「わたし、こういうことしたいんです」って何回もアピールしたら、また、その方がすごくおもしろい人で。何をやるかってのも大事だけれど、その人が、どれだけそれをやりたいかっていうのが大事だ、って考える方でね。でも、わたしの考えてることも事業としてはどうかな、とも思ったんだろうけど、こんなにやりたがっているんだから、やらしてやってもいいか、っていう感じで許可が得られたの。

それからわたし一人、新宿支店を離れ、大手町の支店へ移って、わたしともう一人、大手町の支店で受付をしていた人と協力して、二人でやり始めたんだけど、なかなか思ってたように人も集まらなくてね。いろいろ、案は練ったんだけど、こういうことやってます、っていうのを説明するのが難しくって、セミナーや英会話教育もやってみたんだけど。結局は、英会話教育は英会話、でしかない。わたしが最初考えてたようなキャリアの相談を受けて、いろんな企業からキャリア情報をもらって、いろんな女性にこういう仕事がありますよ、って教えてあげて、みたいなことはなかなかできなかったの。

起業セミナー

そうこうしてたら、半年経って、その頃になっても、自分が描いてたものがなかなか形にならないものだから、会社の他の人から、「何をやってるんだ」って言われちゃって、「あの人、なんかやってるみたいだけど、何やってるんだか、ぜんぜん分からないし、モノにもならないいし。いい加減やめさせたらどうですか？」みたいな話になって、事業開発、っていう部署がわたしを引きとってくれたの。

一人でやっててもしょうがないから、いっしょにやろうよ、みたいに。わたしを引きとってくれた事業開発っていう部署は、テンポラリーがやってる教育事業とか、飲食事業をお手伝いする部署なのね。そこで、二年間くらいいたの。内容は、事業を自分でやってみたいって人に、テンポラリーが出資したり、出資ができない場合は、いろんな面でサポートします、みたいな。宣伝の部分、営業の部分とかね。そういうシステムがあったから、外部からもそういう事業をやりたい人を募集してたの。そしたら、新規事業をやりたいって人がけっこう集まってきたの。だから、窓口を作ったの。上の人が、その人たちの考えをみんな聞いてるわけいかないし、忙しいしね。

だから、その窓口によって、いろんな事業のアイディアをもっている人の、その話を聞いて。これは、そこそこ事業としていけそうなものを上司に言って、上司にも聞いてもらい、事業計画を出してもらって。そのアイディアを出した人がOKだったら、次のステップで、その代表に会ってもらうとか。でも、自分で事業をやってみたい、って人があまりに多くて、中にはもう事業になっちゃってるものとか、もう、とてもじゃないけど、これでは事業になりません、ってものがけっこう多かったの。あまりにレベルが低いために、レベルアップするため、わたしがセミナーを企画して、自分でビジネスやってみたいって人のためのセミナーをやったわけ。セミナーの内容としては、事業をやって成功してる人に来てもらって、講演みたいなことしてもらったり。その後で、交流会みたいなのを開いたりと。そういう仕事を一年間させていただいたの。

でね、そういう仕事をやるにつれて、自分でも事業をやってみたい、と思うようになったの。セミナーとかで出会ったいろんな人たちと交流を深めたり、その人たちの事業計画をみせてもらっているうちに、自分の中でも〝事業〟っていうのが知らずに芽生えていた、っていうかね。そうなると、やっぱり、自分もその人たちと勉強できるわけでしょ。

その頃、ちょうど四〇歳になって、また区切りかな、と思い、そのテンポラリーも五年で辞めさせてもらって、自分でビジネスを起こそうと思って、この会社（註：新宿御苑駅より徒歩三分のところにある㈱「トランタン」、www.deco.co.jp）ができたわけ。でもね、この会社を創ったはいいけど、そうそう、思い通りにいかなかったわけ。わたしはどうしても、テンポラリーで成功しなかった女性をサポートするってことを前提に、この会社を創ったの。でも、なかなか、キャリアの相談受けるとか、セミナーをやるとか、テンポラリーでも考えてたことを事業にからませる、とか難しくて、半年くらい試行錯誤が続いて。もちろん売り上げもないし、お金もないしね。

そんな状況のなか、前にわたしが勤めてた通信教育の会社の社長さんが、「自分で会社始めたようだけど、何もやってないみたいだから、うちの会社手伝ってよ」って言ってきて下さって、企画の仕事をさせていただいたの。でね、今も社会人のための、通信教育の大学院のお手伝いもさせていただいてるの。あと、この会社を紹介して下さった方が、広告代理店の方で、その方が、「自分で会社始められたんだったら、テンポラリーの時のいろんな経験を生かして、うちの仕事ちょっとやってみて下さい」って言われて、それも企画の仕事なんだけど、イベント企画とか。そういうふうに、周りの方から助けてもらって、やっと仕事らしきものになったのよ。

まあ、一年目は、売り上げも何もないくらいの数字だったけれど、二年目になってきたら、少しずつ仕事もとれるようになってきて。三年目になって、やっと自分で開拓したお客さまとか出てきて。そうなってくると次は、そのお客さまがお客さまを紹介して下さって、仕事の幅も少しずつ広がってきたのよ。

でね、今ちょうど七年目に入ったのだけど、五年目ぐらいの時から、人に仕事もらって、なんか企画して、それを提出して採用されれば、その企画がモノになる、という仕事も、それはそれでおもしろいけれども。自分の会社の仕事っていうよりは、人の仕事の〝お助けマン〟みたいな感じだったから。なんか、自分の会社でこれをやっています、みたいのが欲しくて。うちは企画会社で、なんでも企画しますよ、ってのでなくて、うちの得意分野はこれです、みたいなのが欲しくなったのね。

そう思ってたら、世界一周するような大きな船の会社があるんだけど、その船の中のショップで売る商品を提案させていただくような機会があって。うちの会社が商品を提案して、最初はちょっとした商品だったんだけど、だんだん量が増えてきて、さらにうちの会社がいろんな商品を提案できるようになったの。しかも、商品も、うちの会社がデザインして、こういう商品を作る、っていうこともできるようになったのね。

でね、今では、かなりそこの会社の仕事をやらせていただいてるのよ。同時に、ショップ自体をどういうふうにしたらもっと売れるショップになりますか、っていう相談も受けさせていただけるようになってきて。今度は、ショップのコンサルテーション、お客さまはこういう人たちだから、こういうショップにしたらもっと売れるんじゃないですか、みたいな提案もさせてもらえるようになったの。

そういう仕事をやってたら、次は、鴨川シーワールド（註…千葉県鴨川市にある三井観光開発㈱のレジャー施設）、そちらの方でショップを改装するから、その改装プラン出して、商品も作って、ショップのディスプレイもして、ってことで、だんだん、そういう方向に仕事が向いてきてるのね。だから、そのへんのノウハウを生かして、自分の会社のオリジナル・ブランドを出したい、ということで、今、いろいろ計画してるわけよ。

でもわたしとしては、自分の事業っていうのは、会社だから自分のものではあるけれども、半分は自分のものではない。社員のものでもあるし、お客さまのものでもある。自分の能力の及ぶ限りできるだけ、立派な会社にしたいと思うの。でも、最近思うのは、会社の規模と自分の人間の大きさっていうのは、たぶんある程度比例していくものだと思うのよ。だから、自分の人間のパワーとか、大きさがどんどん大きくなればそれに越したことはないんだけど、やっぱ、ある程度までいったら、たぶん、それなりに会社を大きくするには、もっと別な人の方が適してるのかもしれないから、そしたら、そういう別な人にバトンタッチするのもいいなあと思うのよね。

一つに絞る

なるほど。ところで矢野さんは〝企画〟のお仕事をたくさんされてるんですが、一体どこからいろんなアイディアが出てくるんですか。

なんかこう……やってみたいなっていう素朴な気持ちが大切よね。これが好きとか、このことをやってると時間を忘れる、とかね。でも、わたしの場合、アイディアはけっこう出てくるんだけど、自分の中で戒めているのは、例えば、一〇個のアイディアが出てきて、一〇個いっぺんに〝形〟にする、ってのはできないから、一つに絞る。一つに絞って、他は我慢する。

だから、いつも頭の中に〝一〇個のことはできないぞ〟ってことを置いとかないと。わたしなんかは、逆にいろんなことやりすぎて、どれもこれもうまくいかない、っていうのがありがちなんで。一つのことに絞って、自分の全神経をそこに集中する、ってことを、今は気をつけている。でもけっこう、ビジネスのアイディアは、本当に自分で考えて、アイディア通りになるってことたくさんあるのよ。でも、アイディア通りになっても、失敗することって多いでしょ。わたしなんか、中途半端で終わったことあるでしょ。

でもね、人間ってやっぱ、失敗しないと成長しない、というか、いつも成功してる人って、よく大蔵省で汚職するような人でしょ。ずっと人生うまくいってきて、急に甘い誘いにのって大失敗する、みたいな。だから、失敗が多い、ってことはあんまり恥じるようなことじゃないと思うの。でも、今の日本の会社、企業って大きくなればなるほど、一回失敗した人間にすごく冷たい。一回失敗しちゃうと、まず出世は無理です、みたいな。でもわたしなんかは、前にいた会社とかで失敗したけれど、また、その会社がこうしてチャンスをくれる、それってすごいことでしょ。

アメリカでは、アメリカすべての企業がそうじゃないだろうけど、〝アメリカン・ドリーム〟って言葉があるじゃない。それは、失敗した人間に寛容、失敗はしょうがないよね、ってなぐさめることじゃなくて。失敗したけれども、その失敗を経験にして、もっと大きな夢を描いて努力する人に、すごく優しい社会じゃない。もう一回チャンスをくれる、もう一回と限らず、二回でも三回でもチャンスをくれる。それに比べて、日本の社会は、一回失敗しちゃうと落伍者になってしまって、なかなかチャンスをくれない。銀行とかは、そうらしいの。だから、みんな失敗したくないから冒険しない。そういうのは、ぜんぜん発展性がないじゃない。

たしかに、日本はそういうところありますよね。最後に一つお聞きしますが、今お父さまは生きていらっしゃるのですか。

亡くなりました。一〇年くらい前に。

こうしていま聞いていると、矢野さんとお父さまは、ビジネスの面ではよく似た人生ですよね。

そうなのよね。よく言われる、親戚の人とか、いろいろな人に。以前は、父のこと、自分勝手なことして、自分は良かったかもしれないけど、家族は迷惑した、みたいに思っていたのね。だけどやっぱり、自分も会社始めて、「あ、父の気持ちも分かるな」って。まあ、見方を変えれば、思いっきり生きた人かな、って。悔いなくね。最終的に事業として成功しなかった人なのかもしれないけど、でも、一回すごい大成功もして、みんなからすごく注目浴びて……。絶頂期だった頃もあったわけだから、そこそこ満足できた人生だったんじゃないかしら。でも、〝おもしろい人生〟だった人でしょうね。

やっぱりわたしも、父親と同じようなことはできないかもしれないけど、自分で、「あ、おもしろい人生だったな」なんて思えるようなことはしたいな、って思ってるの。でも、小さい頃、父を見てて、「絶対、〝事業〟なんてやるものか」と思っていたのに、今こうして自分が会社を経営している。なんか信じられないよね。

ほんとですよね。人生って分かりませんね。ありがとうございました。

三、おわりに

このインタビューは、わたしの興味本位から、矢野さんのお父さま（山田泰吉氏）のライフ・ヒストリーを十五分程語っていただいたので、インタビュー全体の時間が九〇分ぐらいになってしまいました。そんな長時間のインタビューにつきあっていただいた矢野さん、お疲れさまでした。でも、わたしが母から聞く矢野さんの人生と、ご本人から伺う人生では、全く迫力が違いました。このインタビューの八割ははじめて矢野さんの口から聞いたお話で、矢野さんの一人語りに、どんどんわたしはひきずり込まれました。別の言い方をすれば、矢野さんの〝ステージ〟に酔いしれる観客、ってとこかな。

矢野さんが、「父親は、ミカドに自分の夢の集大成があったらしいの」。その言葉通りに、会社・事業起こす人って、ただお金儲けだけではなく、そこに〝自分の夢〟が存在してるんですね。だから、矢野さんが今、こうして会社経営してるのも、そこに〝自分の夢〟があり、お客さまに〝自分の夢〟を理解して欲しい。そして、〝自分の夢〟をサービスとして提供したい、そんな素朴な想いなんでしょうね。だから、矢野さんがおっしゃってた、「父の気持ちが分かった」とは、きっとこのことなんでしょう。

矢野さんのライフ・ヒストリーは、わたしにいろんなものをもたらしました。変な言い方であるけれど、矢野さんの人生って〝迷路〟のような人生なんだろうな。挫折もして、迷いもして、それでも、自分独特の道を歩んでる。百人の人がいれば、百通りの人生がある。他人と同じ人生ってことは、決してない。その人生の中で、自分はどれだけ悪戦苦闘して、自分独特の道を歩けるのかな。わたしは、この人生にゴールなんていらない。むしろ、〝迷宮入り〟しちゃうような人生をまっとうしたい。

でも、矢野さんほど、〝キャリア・ウーマン〟って言葉が似合う女性、なかなかいないと思います。最後、矢野さんがおっしゃってた、「一〇個のアイディアがあったとしても、その中の一個に、全神経を集中する」って言葉が、すごく気に入ったと同時に、さすが〝企画〟の仕事を任されるだけあるなあ、と感心しました。でも、わたしのように欲が深い人間には、この言葉、教訓だな。

最後に、この長時間のステージを思いっきり彩って下さったご本人に拍手を‼　そしてまた、再び、矢野さんに出会わせてくれた社会学の授業と、変わり者の先生に感謝。そして、このレポートを毎日徹夜して完成させた、自分へお疲れさま。あと、ささやかではあるけど、この七〇枚近い原稿用紙が、今いちばんいとおしい、と思う。一九九八年八月六日、二十四時二十一分。

☺杉浦由希子☺

90年代中頃の受講生たちの作品集(4)

初めて授業に出た時、半年、大変なことになるなあと思ったけど、半年終わってみて、やっぱり大変だった。よくもまあ、いろんなことを考えつくもんだ。点数としては、まあ、私の心の中にしまっておこう。半年、ありがとうございました。

第5話

形から入ること

【語り手】長谷川よしえ（仮名）、一九二七年生まれ、元看護婦・保健婦
【聞き手】大黒由香（十九歳）、短大一年生
【インタビュー】一九九二年六月三十日

一、はじめに

はじめは、長谷川さんか、母のテニス仲間か、どちらか迷っていたのですが、母の勧めもあってお願いしてみると、意外にすんなりとOKの返事をもらったので、長谷川さんになりました。それに、母がとても長谷川さんのことを尊敬しているせいもあり、わたし自身も、とても興味をもっていて、〝どうしても〟という気持ちがあったので、OKの返事をもらった時は、ほっとする反面、とても楽しみな気持ちで、話を聞きに行きました。

☺大黒由香☺

二、ライフ・ヒストリー

こんにちは。生まれた場所と家族構成を教えて下さい。

はい、生まれたのは三重県の津市です。一人っ子でしたよ。あのねえ、わたしの母は早く亡くなりましたのでね。父は、その時再婚しましたので、わたしは昭和……十二年から、岡崎へ来ているんです。養女として来ているんです。それで父が新しい……まあ母親ですね。その人と再婚したのですけれど。父親は学校の教師でしたし、母も教員でしたので、家が自然と誰もいなくなりますでしょ。今で言う、〝鍵っ子〟のようでしたよ。そういうこともあったし、きっと父と新しい母にとって、わたしがじゃまだったのだと思いますよ。

それでまあ、捨てるのはかわいそうだからと言うのでね。父が親戚のお寺に、最初は預けるという形でしたようだけど、結局は、迎えに来なくてね。あまりほってあってはなんだから……ということで養女という形で育てられることになったんです。どうして、父がたくさん親戚のいる中で、岡崎の、それもお寺を選んだのかはちょっと分からないんですけど。

そこへ四年……三年の春休みぐらいだったか、昭和十二年だったと思いますよ、岡崎へ来ましたのは。それからはずっとそこで生活しましたね。そこのお寺が庵寺《あんじ》（尼僧の住家）でね。庵寺で、浄土宗でしたから、食事なんかはいっさい、なんて言うんですか、魚やお肉は食べませんでしたね。食べないんです。食べようと思ってもお寺にはいっさいありませんでしたもの。やはり、その当時小学校三、四年生でしょ。育ち盛りのせいか欲しくなりますでしょ。今で言う台所みたいな場所へ行って、こっそり探しましてね。

でも、どこを探しても見つからないの。庵主《あんじゅ》さんの所へ行って、「どうしてうちでは、魚や肉はないの？　どうして食べないの？」と言いますと、「おまえはまだ小さいからね。もう少し大人になったらわかるよ」って言うんです。それ以上にね、聞けなかったです。だけど、ゴマはありましたし、大豆もありましたからね。今でしたら、むしろそういうものはヘルシーでいただくでしょ。栄養的には、一番いいですからね。もちろん、魚やお肉は、養女に来る前までは食べていましたけど、庵寺にきてからは、ずっと食べなかったね。

看護婦の道へ

小学校を卒業すると、ふつう女学校へ行くか高等科へ行くでしょ。でも、わたしの場合庵寺ですしね。やはり、家庭の経済的なものや、養女ということもありましたしね。行きたくても、ちょっとムリだからということで、小学校の延長みたいな勉強を二年間しましまして。その後、働きながら看護婦の資格が取れるから、というのを聞きまして。それで、岡崎の個人の病院で、二年間看護学校へ通いました。働きながら資格を取るためにね。

それでその時は、今みたいに国家試験じゃありませんので、検定試験でしたから……。わたしは、准看護婦の方をね。今は准看護婦と、こう看護婦とは違いますでしょ。わたしの学校は、助産婦と看護婦といっしょにある所でしたけど、わたしの場合、看護婦の方だけで終わってしまったの。ていうのは、その頃は、戦争がだんだんひどくなっている頃だったのでね。そう、戦争の終わり頃には、勉強はほとんど学校でしませんでしたよ。みんな動員ですし、留守のおうちへみんな手伝いに行きましたから。

なんで看護学校……看護婦の道を選ばれたのですか。

あっ、看護学校を選んだ理由？　やはりね、勉強はしたかったのですけれど、自分の本当の両親ではありませんでしたので。ですから、働きながらでしたら、お金も出してもらわなくてもできましたから。そうすると、それしか道がわたしにとってなかったんですね。本当は、看護婦という仕事はあまり好きでなかったんです。なんでかと言うと、その仕事自体もよく分からなかったんですけれども、あの〝臭い〟というものに敏感で、くさいでしょ？　病院の臭いって。

そうですね。特有の臭いがありますから。

はあ。それが嫌で、あまり好きじゃなかったんですけれども、やはり、「もう少し勉強がしたい」という気持ちの方が強くて。かと言って、女学校へは行けれないし。もちろん費用がかかりますから。それと女学校は、だいぶ離れた所へ行かなければならない。そうすると、また余分に費用もかかりますし、交通費ね。いろいろな事情がありまして。簡単に言うと、勉強したいなら近い所でということですよ。庵寺は、小さな寺なので、庵主さんと二人の生活でしたので。他の僧の方は、一人もおりませんでしたので、あまり遠くには行けれませんでしょ。病院は住み込みでね。家から少し離れてましたけど。

そこから学校へ……午前中働いて、午後看護学校へ行って。午前中働くのは、もちろん看護婦見習いのような感じで。資格がありませんでしたので、いろいろなことはまだできませんでしたけれども、お手伝いみたいな感じでね。資格を取れば一人前でしたけど。看護学校を帰るのが、五時過ぎますでしょ。それからすぐまた働いて。その頃は、何もかもわたしたちはしましたね。その病院だけの仕事ではなしに、女中さんもいましたけれど、そのお手伝いなども。食事もでしたけれど、子どもの世話からさまざまに……。

でもね、一つ良かったことは、個人でもわりあい大きな病院へ行ったものですから、医院ではなく病院というね。ある程度、入院患者さんの人数もないと、病院という名前はつきませんでしたので。そういう所だったので、わりあいいろんな面できちんとしてました。しつけとかね。その当時、わたしは十五、六歳でしょ。今で言う高等学校ぐらいの年令ですよね、年令的に言うと。その年代にビシッとしつけられましたので、そういう面では、まあ、うるさく教え込まれましたので、それで基本的なことはしっかりできたみたいです。

ビシッというしつけは、どういったふうに。

例えば、学校へ行く前でも、朝晩のあいさつは、当たりまえ。きちっとしていなければ奥様からどなられましたけど。それで学校へ行きますね。食事がすんで出かける前は、必ずおうち……先生のおうちの奥様がいらっしゃいますわね、そこの本宅の所へ行って、まず奥様の前へ出て、正座をしますでしょ。きちんと手を前でそろえて、手をついて、「ただいまから、学校へ行かさしていただきます」と言いますでしょ。そしたら奥様が、「いってらっしゃい」と言ったあとで、そこの場所にカードがちゃんと置いてあるんです。そこに時間を記入して出かけるの。

帰ってきた場合は、また同じように正座をし、手をついて、「ただいま帰りました。ありがとうございました」っていう感じで。そういうケジメはしっかりとしてましたし。

それと夜、仕事がすんで休みますでしょ。正看護婦の方たちは、病院の方で休まれましたけど。わたしたちはまだ一番下でしょ、そういうものは資格がありませんので、本宅の方で寝るんです。それでその時も、ただ、「寝まーす」というだけでなく、きちんとまた奥様の所へ行って、手をつき、あいさつ、「ただいまから休ませてもらいます」というふうにね。よそはどうだったか知りませんけれど、わたしのお世話になった病院は、人間の最低限やらなければならないことはしっかりしていました。

苦しかったことはありますか。

ですけどね。もうその頃は、戦争中、真っ最中でしたので、わたしたちがそこに勤めている頃は。岡崎に、なんとか言う航空隊がありましてね。そこがクラブになっていて、そこの人たちが日曜日に家に帰れないからというので、一〇人ぐらいずつ病院へきて、食事したりとか、休みになると、毎回いらっしゃるんです。そういったクラブみたいになっていたので。そのような場合は、病院は休みにして、全部してあげましたよ。十八歳ぐらいの時でしたかねえ。

まあですけど、それは当たりまえでしたので、当然という考えだったのでね、昔は。考え方もね、やらされていたとか、そんなふうに思ったことも一度もありませんでしたし。もっとも、お寺で育っていましたから、たくさんの見ず知らずの人たちが大勢みえるのも、そう気になりませんでしたしね。だから、苦しいなんて思ったこともなかったような気がしますね。

"お寺の子"

それとね、わたしは岡崎の家で育って、集団でいろんなことを覚えましたね。昔は、まあ、田舎でしたので、大きな村は、またその中で三つぐらいに分かれていたんですよ。一〇軒か二〇軒ぐらいが一つのブロックに分かれていてね。結婚式とかお葬式とかがありますと、子供たちも全部およばれするんですよ。まあ、看護学校に行くようになってからは、そんなことなかったですけれども。小学校とか高等学校までは、家にいる限りは、みんな、歩ける子供から。だっこされている子は無理ですけれども。自分でお箸を持てて歩ける子供は、全員ね。

食事が出されますでしょ、全部本膳でしたよ。今の方だと少し分かりにくいかもしれないけど、ちゃんと足がついた、テーブルではなくお膳になっているんです。それが五〇人でもダーッと並ぶわけ。この部屋、八畳が三部屋ぐらいの所に。学校から帰ってきた子から順番にそこへ座るわけ。大人は、先か後にすませるのね。とにかく、行事があるごとに子供たちを集めさせるの。半分強制的に。特に春、秋は法事など多いでしょ。どうかすると、毎日あった時もありました。そういう所で食事の仕方を教わったように思いますね。

ほら、昔の子は、今みたいに核家族じゃないでしょ、庄屋の家は、道具を全部蔵に持っていたけど、わたしはお寺だったのだけど、少ししかなかったんですね。そういう時には、村でお膳を貸してもらって。食事のマナーをしつけられたと言いましたでしょ。子供だからと言って、ええかげんなことはできなくて、ちゃんと真ん中に大人の男の人が座ってて、観察しているのね。わたしなんか、あまりご飯の食べ方がうまくなくて、よくこぼしたりしてたんです。あと正座がね。お寺で育っていたんですけど、どうしても、小さいうちというのは苦痛になりますでしょ。

そんな時、大人の男の方がわたしを見てましてね、あまりにわたしがしっかりできていないもんだから、見るに見かねて、「どうして〝寺の子〟なのに、そんな簡単なことができないのか？」ってわたしに言ったのね。その一言は、わたしの胸にグサッときましたよ。「〝お寺の子〟なのに」という言葉にね。それで学校は、小さい子は早く帰りますけど、六年生以上になると、帰りが遅いでしょ。でも、ちゃんと来るまでお膳がとってあるんです。「まだ、どこその子が来てない」とかで、ちゃんと残してあったんですね。

楽しみの一つだったんですか。

ですけどね。わたしはあまり、よそのおうちへ行くのは、どちらかと言うと、人見知りのためか、苦手でしたからね。お寺でしょ。〝お寺の子〟というので特別に言われてましたでしょ。だから、わたしは嫌でね。そっと、学校が終わってから、寺の仏像の陰なんかに隠れていたのね。そうすると友達や、大人の方が、「まだ〝お寺の子〟がきてないよ」と言って大騒ぎになってしまって。みんなわたしの名前で呼ぶのでなく、〝お寺の子〟でしたからね。

少したって、庵主さんに見つかってしまって。怒られるっと思っていたのに、ただ庵主さんは、「行きなさい！」の一言だけでしたね。その時かけてくれた言葉は……。そういうこともあって、もうしまいには、なんとかしてやめようかな、行くのやめようかなと思ったけれど、やはり、きちっといない子の分もとってありましたからね。それと、庵主さんにも迷惑がかかりますので。まあ、結婚式というと、子供にもちゃんと引き出物として、らくがんなどのお菓子がもらえましたので……そういうものに惹かれた部分もありましたし。それで最後まで出席はしましたからね。だから、庵主さんにしつけられたということは……そうねえ、記憶にないですね。

三河大地震

わたしが看護学校を卒業した時は、いちばん戦争がひどかった時期ですので。夜名古屋……北になるのかな、岡崎からは。焼夷弾が落ちて、名古屋の方は空が真赤なんですよ。見えるんですね、よく、ここからは。遠かったですけど。まだ岡崎の方へは来ないものだから、病院の二階や屋上にあがって、みんなで、「きれいねえ!」というふうにね。まあ、見ていたと言ったら不謹慎ですけれども……。

そしたら、終戦が昭和二〇年八月十五日でしょ。その前の年の、十九年に大きな地震(註…これは、十二月七日の午後に起き、死者九九八人、全壊家屋二万六一三〇戸の被害を出した、東南海大地震のこと。以下の口述は、二〇年一月十七日の深夜に起きた三河地震のことと思われる)がありまして。ちょうど、名古屋の空襲を見ていた次の日の夜。今から思うとね。バチがあたったのかなあ、と思う時がありますねえ。

それでまあ、ほとんどの家がつぶれちゃって。ですけど、わたしのいた岡崎の町だけは、昔から下（地面）が岩だという言い伝えがあったせいかしら。そう、他の所よりは被害は少ない方でしたけど。だから、岡崎の町だけはあまりでしたけど、周囲の町は全部建物がつぶれてましたよ。その地震があった時は、わたしは看護学校は卒業して、試験受けて合格していましたので、資格は持っていました。助産婦の学校へ行くかどうしようか、迷っていましたけど、そっちの方はぜんぜん好きでなかったので、「もうやめる」って言ってやめてね。同じ病院で働いてましたね。

その頃は、まだ入院患者さんもいましたし。それでね、ほらよく、地震の時には逃げ出せ、とか言いますけれども、絶対そんなことできない。もう立ちますでしょ、わたしは、ちょうど寝ていまして。夜中だったんですね。急になんかしら揺れた感じがしたと思ったら、「地震よー。はやく外へ出て！」という大きい声にびっくりして目が覚めましてね。頭は、パニック状態で、何も考えずに、「とにかく外に出なきゃ。ここにいたら危ない」という考えが頭をふっとよぎって。出ようと思ったんです。そしたら、立ったら、ストンと転びますでしょ。絶対に。だから、地震の時には、わたしは逃げられないと思い知らされました。

わたしはその時、同級生と言いますか。仲の良い子と二人で寝てましてね、その子が、

「よしえちゃん、フトンかぶるしか方法ないよ。早くっ。頭隠さな、死ぬよ、死にたいなら、そこに立ってな！」と言われましてね。ハッとわれに帰って、とにかく頭だけは隠しました。本当、それだけするので、精一杯で。だって、建物が崩れてくるんですよ。ただ、タンスとかが倒れてくるのでなくって。コンクリートの壁とかが崩れ落ちるんだから、本当、あの時は死ぬんではないかとも思いましたね。まさに、一瞬の間に、生と死を往き来した気分でしたもの。

それから夜が明けて、病院をはじめ、方方の所の家から何もかもつぶれましてね。それでわたしのうち（寺）の方は、一里……二里ぐらい離れていましたから、なんともなくて良かったんですけどね。朝になったからと言っても、恐くて。余震が来るんですよ、次々に。もう、しょっ中、ずっと。そうですね、一か月、いや二か月ぐらい余震が続きましたから、「もういいかな」と思っていると。ドドッ、ドドドッと来るんですよ。それで、家の中に入れなくて、一か月ぐらい、ずっと外で生活しましたね。

外で生活すると言うと。

その時は、うちの方は一人だけ、庵主さんだけみえるものですから、地震があった後は、家に帰っていたんですよ。ですけど、さっきも言いましたけれど、余震が来るものですからね。まあ、寺が木造なのでグシャッとならない代わりに、ギクギクしますでしょ。危ないからということで、家の垣根の根元の所とか、竹やぶの所などで小屋を新たに作って、外で一か月ぐらい住みましたねえ。

生活は、昼間はうちに入って、食事の用意とかしますでしょ。夜は家の中が恐いですからね。小屋だと揺れた時、そう恐くはないものですから。まあ不自由なことは、そうこれと言ってはなかったんですけど。ただ冬でしたので、少し寒い程度でしょうかね。いつまた、すごい地震が来るか分からないので、死と隣り合わせで生活していました。

焼夷弾

地震があった年に、終戦を迎えたわけなんですけども。わたしも記憶がさだかではありませんけども、たしか八月が終戦だったから、七月だったたと思います。岡崎の菅生神《すごう》社で、花火を上げる……ほら、岡崎は花火が有名でしょ。花火を上げるのが、例年七月十九日か二〇日。その花火の代わりに、〝焼夷弾がとんでくる〟というデマが流されまして。みんなびっくりして、大騒ぎになりましてね、でも、そのうちみんな、「嘘に決まっとる」と言って、安心してたんですよ。

そしたら、デマが本当になってしまって。その七月十九日か二〇日に、空襲で岡崎の町が全部やられましてね。焼け野原ですよ。わたしは、ちょうど庵主さんの具合が良くないというので、その二、三日前から休みをもらって家に帰っていまして、そんなに大きな被害は受けずにすみまして。わたしにとって本当に幸運なことでした、庵主さんの具合の悪さが。もしねえ、帰っていなければ、おそらくは……。

そして、あくる日にみんながどうされたかと、心配に思って、食べるもの、まあ今で言うお弁当作って行ってみると、わたしのいた病院も、門の二本のコンクリートの柱が残っていただけで、全部焼けて、なくなっていました。患者さんは、もう前から空襲などちょくちょくあったものですから、いなかったので良かったですけども。家族の方はねえ。

先生と奥様とお嬢さんが一人いらして。高等科へ行っている子と、中学へ行っている方の五人はね、それだけの方がいらしたけれど。どうなってしまったのやら、分からなくなっていましたよ。残っているのは、灰だけですから。「ああ、もう亡くなってしまったんだ」とその時思いまして、その場に呆然と立ちすくんでいましたよ。気がついてみると、もう一時間、二時間ぐらいそこに突っ立っていましたね。もう、それほどすごかったですから。空襲ですごかったですけれど、わたしが岡崎にいましたので、実際には、戦争はそれほど体験は少ないですから。

　でも、艦載機は体験しました。空襲は、B29とかがバーッと焼夷弾を落とすでしょ。艦載機は、低空で屋根すれすれに飛ぶんですよ。そして、ババババッ……と撃つんですよ。岡崎の空襲のあとでしたけど。終戦のほんの少し前でした。その間、怖かったですよ。田んぼにドカーンと、まず空襲でやられます。その後に、艦載機がやってきて。まあ、家の中とかに入れば、まだ助かりましたけどね。

　村の人が、「来たぞ！　みんな中に入れ！」と叫ぶんです。その声と同時にね。ほら、機関銃でババババッ……とテレビなんかでやりますよね、ああいう感じで。上からババババッ……と撃ってきて、煙がパーと舞って、周りが何も見えなくなるほどでしたから。それが、家の屋根すれすれに飛んでくるものだから、村全部つぶされてしまうんではないかって思いましたよ。だから、音が出てくると、みんな、誰一人として外にいる人はいなかったです。それだけが恐ろしかったですね。

　けが人もけっこう出ましたけど、なにせ、田舎でしょ。神社なんかは森が深いでしょ。だから、大人の方は、逃げる暇がない時は、森へ逃げ込んで……大人の方は、百姓を全員がしてましたのでね。わたしなんかは、外で遊んでるでしょ、艦載機が来た時に、大人の方が、「来たぞ！　森へ入れ！」と叫んでくれましたので、パッと森の中へ逃げ込んで、息をひそめてましたね。だからよく、庵主さんに、「外で遊びたいなら、森の近くにしなさい」とよく言われましたからね。でも、大変でしたよ。特に、うちの村は、田植え……百姓が多かったものですから、その田に大きな穴があいたり、仕事にならないでしょ。生活もその頃は悲惨でした。わたしなんて、お寺でしょ。みなさん、生活が苦しくても、供え物としてちゃんと持ってきて下さるの。悪いなあってね、小さいながらに心が痛みましたもの。

それで、少しして、なんか放送があるそうだからって言うんで、暑い日でしたよ。ラジオの前にみんなが集まってきて。寄って聞いてましたけれど、ぜんぜん、何言っているのか分からなくて。その……陛下の言葉が、何を言っていらっしゃるのか。ほら、ガーガー、ラジオが言っているだけという感じで、ぜんぜん何のことだかさっぱり分からなかったですね。「負けたらしい」ということは、周りなどを見ているうちに、うすうす分かりましたけどね。そうすると、「もう負けたから、今度は何が起きるのだろう」と心配していました。周囲で、いろいろなデマが流れていましたので。ですけど、わたしはもう大丈夫かなあと思っていましたけど。とにかく、田舎にいましたので、町とは違っていましたから、そう怖い体験というのはなくてね。良かったですよ。

●●● 衆善会 ●●●

戦争が終わって一年ぐらいたった時、先生の弟さんが、「病院を建てたので、来てくれないか」と言われまして。また、病院勤めが始まったんですけれど。昭和二十六年頃に名古屋で乳児院……知り合いの方がおりまして、その知り合いの方が乳児院を始めたんだけど。その時、「戦災孤児や両親を亡くした子を世話する仕事を始めたので、まだ人数は少ないが、あなたは看護婦の資格を持ってみえるので、ぜひ来てもらえませんか」と頼みに、先代の亡くなったおじいちゃんが来ましてて。

ちょうどその時、わたしが家にいたものですから、「それでは、こんなわたしで良かったら、ぜひともお願いします」とすぐに、ご返事しまして。わたしもね、みなさんにいろいろお世話になって育ててもらったりしたものですので。やはり、もらわれてきますと、子供なりに考えますでしょ。嫌なことがあったりすると、帰りたくなるといかんから親子の縁を切ってくれって言ったんでしょうね。いっさい父に会っていませんので。

そういうふうでしたから、わたしもたまに辛くなった時はふっと考えもしたんですけども……。でも、基本的にはね。みなさんいい人たちばかりで、良くしてもらったものですから。わたしはなんて言いますか、村の人たちみんなに育てられたという感じでしたから。あっ、ごめんなさいね、話があちこちとんでしまって……。

名古屋に頼まれて来ましたでしょ。その時は、上名古屋だったんですよ。今の西区だったんです。そこには、二〇人ぐらいの子供がいました。まだ小さい、始めたばかりのところでして。家族でやってみえたんです。まあ、一応養護施設ですけれど。今は亡くなったおじいちゃんと、おばあちゃんと、主人はもう大学を出ていましたし。一番上の方は、お医者さんでしたのでね。市民病院へ勤めていらっしゃって。昭和二十三年からその施設が始まっていましたけど、わたしが勤めた頃は、まだ何もありませんでしたね。アメリカのなんて言いますか、軍隊の方たちが、奥様もいっしょに慰問で物資とか服とかを援助でくれましてね。ミルクなども、だいぶ援助でくれましてね。そのアメリカの人たちは、終戦後、占領でたくさん来てましたから。名古屋（の基地）は小牧にありますでしょ。そういう所から、アメリカのクラブの方たちが慰問で。

ですけど、その頃は、子供たちは栄養失調とかで大変でしたよ。入れられてきた子供が。わたしがはじめて勤務した頃は、戦争孤児が多かったですけれど、だんだんと〝混血〟の子供が増えてきまして。どうしても女の方はね。みなさんご存じないけれど「赤線」とかがあって、アメリカの兵隊さんとできちゃって、混血の子供が増えてしまって……。サンダースホームなんかでも、ご存知でしょ。あそこは、大きかったんですけれども。だんだん、混血の子の割合が増えてしまって。増えてきますと、わたしの勤めている所、「衆善会」は、小さかったものですから。

他にもう一つ、名古屋に建物があったものですから。そこでも、いろいろな保母の養成所や助産婦などしてたんですけど、戦争になって、軍に、「ここは軍で使うことになった」と言われて、取り上げられっていうか。それが返ってきたのが、わたしの勤めはじめた頃で。春にこちらの建物へみんなで移りました。もちろん、子供たちも全員で。

国家試験

今は、病院がありますからね、病気になってもいいですけど、すぐ近くに病院があるから。わたしのいた頃は、院内ですべて処置をしていましたから、もう大変でね。乳児院というのは、看護婦が主でしたので、保母さんは少なくて……。三分の二以上が看護婦でしたので、全部治療から、外科的なこと以外は、すべてやりました。そういうこともあって、今の亡くなったおじいちゃんに、「看護婦だけでは少し足りないから、保健学校へ行ってくれ」って言われましてね、わたしは行きましたよ。また一から勉強をしました。

わたしの時は、国家登録になっていたものですから。ちょうど、そこに勤めはじめて、一年もしないうちにでした。保健婦というのが、看護婦よりも一つ上でして、予防医学の方面をするのね。またこれが、その時点から試験まで半年しかないんです。半年後に試験を受けて、受からなければいけませんでしたので。もう死にものぐるいとは、ああいうことを言うんですね。勉強も一から始めるでしょ。訳が分からないことだらけで大変でしたけど。それよりも、「試験受かるかどうか」と、そればっかり考えちゃって。勉強してた半年間は、給料をもらって、そこから派遣という形で行っていたものですから、落ちるわけにはいきませんでしたから。そしたら、かろうじて受かっていたものですから。全身の力がいっきに抜けたようになって、ホッとしました。

その時は、学校の寮に入っていまして、学校で半年間勉強をビッシリやられましたよ。勉強が一段高いものだから、いろいろな面で、実習でも保健所なんかへ出ていましたし。

国家試験でしたから、資格がありますでしょ。その試験が、東京と大阪に分かれてあってね。まあ、自分が好きでその道を選んで、家からパパパッと行ったなら、試験に落ちてもいいけど、給料もらって、やってもらっているって感じでしょ。だから、どうしても、「絶対に受からなければ……」と思って、力みが出てくるでしょ。がんばらなくてはダメでしょ。本当、さっきも言いましたけど、六か月間、死にものぐるいで勉強して。

その後、卒業し、一か月ぐらい試験の準備をした後で、国家試験に臨んだんだけど。もうその時は、みなさんの受験の気持ちもよう知っていますけども、失敗したら今と同じ一年、また受け直さなければいけませんし。わたしは、東京でなく大阪の方へ受けに行ったんですけども、発表があるまでは、生きた気持ちしませんでしたね。あっちこっち、うろうろしては祈ってましたね。でも、かろうじて新聞に出ますでしょ。国家試験ですから。今の試験と同じですわね。ほいで、自分の名前を見つけたときには、まず、やれやれでしたね。見る前は、手がふるえちゃって。わたしの場合、生活がかかっていましたし、プレッシャーみたいなのも多少ありましたのでね。本当、今で言う大学受験と、まったく同じ気持ちになりましたもの。

でもね、その資格があると、だいぶ待遇も違ってきましたし。わたし、やっぱり、女学校行きたかったのが行けなかったでしょ。女学校は、六年生から五年間行きますでしょ。だけどわたしは、まあ、養女ということなどで、いろいろありましたので、行けなかったのでね。その分、年月かけて勉強したいでしょ。保健婦だったら、最後のところまではね。それが受かったものですから、じゃあ、ある程度、国内留学でないけれど、もう一つ、ちょっと勉強するのにって言うんで、今度は、東京の聖路加病院へ行きましてね。

わたしなんか、英語なんてやっていませんでしたでしょ、ぜんぜんダメですし。「ああ……聖路加なんて、困ったなあ」と思っていたんですけれども、公衆衛生病院へ行くか、聖路加か、どちらかにって言われたものですから迷いまして……。じゃあ、聖路加の病院へということになって、三か月間、また実習と勉強をかねて、させてもらったんですけども。その後で、もう一つ、日赤じゃないんですけども、病院と施設がいっしょになった所へ二か月行きましてね。資格をもっていたので、あらゆる所から、「来てくれないか」というお誘いがありましたね。でも一番、いろいろな面で聖路加が勉強になりましたよ。病院の中で、保育の保母さんもいますし。設備も万全に整っていましたのでね。

我が生い立ちの記

資格をとるまでで、辛いと思ったことは。

嫌だと思うよりも、なんとかついていかなければ、と必死でしたから。でも、周りがバリバリの方ばかりでしょ。ただ、遅ればせながら、勉強してきたけれど、そういう方の中に入って勉強するのは、抵抗ありました。でも、よくずーっとまあ、今からですけど、よくやってきたなと自分なりに思いますね。ある程度、勉強から離れてからだったので、保健婦学校はえらかったですね。「ついていけるかな……」というのがありましたし、試験でも、ただ試験の答案の答をうめるというのならいいんでしたけれども。

いちばん嫌というか、難しかったのが、〝我が生い立ちの記〟というのについて、二時間、時間がもらえて。試験の当日に、それを、「自分なりにまとめなさい」という感じで。二日間、試験はあったのだけど、一日目は、専門的なテストで二日目が、その〝我が生い立ちの記〟というレポート課題で。「わら半紙二枚にまとめなさい」と。その頃は、レポート用紙というものはありませんでしたので。まとめて、書いて提出しましたけど、「時間が長いなあ」と思ってましてね。「そんなの、書くことなんてあるわけないのに……。〝我が生い立ちの記〟なんて書けるわけないい！」と思って。ぐちゃぐちゃに書くわけにはいかないし、「嫌だなあ」と思ってしまって。でも、そんな、ぜいたくなこと言ってられませんでしょ、自分の立場上。それで、「もういいわ、どうでもいい、試験なんて受からなかったら、仕事も辞めよ」とまで思って、書きまして。でも、それがなんとか、また受かりましてね。

あっ、でもね、保健婦学校の時に、現役で順番に高等学校を出て、その後看護学校で〝正看〟の資格をとって、そこも通って保健婦学校でしょ。だったら、その方なんていうのは、ものすごく勉強しているわけ。わたしとは、一〇年ぐらい勉強が違うでしょ。二クラスあって、全員で六〇人ぐらいでしたので、その半数以上が現役できている人たちで、あと、チョロチョロとした人たちが、わたしみたいに。どうしても保健婦の資格がほしいと言って、三〇歳の人とか、年齢的には上のほうの人たちばかりで。そういう人は、保健婦は保健所、役所関係にも入れますので、家で夜勤なしで仕事をしたいと思ってきてましたから。それと結婚してからでもできますので。わたしみたいな人が、クラスで六人ぐらいでして。クラスの隅の方で、肩身の狭い思いをして、勉強してましたから、本当、よくやったと思います。勉強は、やっていなかったのでね、少しの間。その少しがものすごく差が出ていて。

だから、死ぬ思いでしたよ。まあ、実習にでれば、ある程度できますけど……。わたしの場合、病院勤めが長かったですので。でも、講義をうけて勉強するという方になったら、高等科の高度な授業もうけていないので、少し勉強してても、レベル的には、天と地の差ぐらいでした。その時がいちばん辛いと思いましたよ。〝何くそ〟だけでは、できないですからね。泣く思いの時もありましたしね。やっていても、自分がどんなに朝から夜遅くまでがむしゃらに勉強したところで、知れてますからね。その人たちのレベルに比べたら。「なんで、こんなに一所けんめい勉強しているのに、いつまでたっても平行線をたどらなければならないんだろう」と思いましてね。夜、ふっとそう思って、むなしくなって悔しくって、一人で泣いていたこともありましてね。だけど、やりかかったらやっぱり、途中で投げ出すわけにはいきませんでしょ。やらなきゃね。

それと、親のすねで行っていたんだったら、おそらく途中で投げ出したかもしれません。そうでなかったから、実際は、月謝を出してもらって、それで給料も半年間……行っている間ですね、もらって、そこの仕事はしないで、学校の寮へ入りきりでやっていましたから。こういうこともあったからできたんじゃないかなと思いますね。その時が一番精神的にも肉体的にも、自分の今までのことではえらかったですね。ほら、「受からなかったら、どうしよう。ついていけなかったら、どうしよう」と、毎日思っていましたでしょ。それだけ難しいのでね。わたしが卒業してからまた、どんどん高度になりましたので、まだいい時に、入ったなあと、それは救われましたけど。今は立派になっていますけど、わたしの時は、保健婦学校は、わりあい小さかったからね。わたしたちが何期生になるのかなあ。

友達などは、どうでしたか。

ありますよ。そういう時の友達っていうのは、すごく、心と心のつながりが強いでしょ。だから、今でも家に遊びに来ますし、来た時には、「本当に、あのときは嫌だったわね。よく、二人して夜中まで勉強したり、いっしょに泣いたりもしたわねえ」なんて、昔話をしたりしますよ。

恋愛結婚

受かってからは、またもとの勤め先へ戻りましてね。それから、じきに結婚したわけですけど。そうそう、わたしは結婚する前までは、男の人と恋愛って言うんですか。そんなことする暇がなかったですね。猛勉強しなければ、資格をとらなければ……その後からよ、なんて思っていましたからね。東京へ行って三年ぐらいして、わたしの勤めていた衆善会の息子さんと結婚しましたから。まあ、恋愛じゃーん、半分恋愛みたいな感じで結婚しましたよ。最初は、結婚することに戸惑っちゃって。でも、いろいろな経験をしてきたので、「それ以上のことは、この先ないわ」という気持ちがあったので、結婚しても大丈夫と思って、結婚したわけです。

だから、辛い時とかも、「こんなこと、あの時に比べたら、そう大したことじゃないわ」っていうふうに。とことん、極限まできているから、それ以上のことはないと思いますしね。仕事の面でも生活の面でも。結婚してからは、仕事はまだ続けていました。なにせ、人手が足りないでしょ。そうすると、三交代でしたので、夜勤は病気で休まれた時に、家の者が、結局肩代わりしなければならなかったので、昼間出て、そのまま夜勤にも出てましたね。だから、家から、家族そろって、外へ出かけることはあまりなかったです。それに体も疲れてますし、主人の母が病気になってからはいっそうね。その頃には、仕事は手伝わなくなったんですけど。主人のお姉さんたちはいたんですけど、みんな結婚されて出ていかれていたものですから、いなかったですけれど。あとは、全員で仕事をやっていました。

わたしに子供ができるでしょ。お腹に八か月いるまでは、働きましたね。そうでもしなければ、とにかく人手が足りないでしょ。お腹が大きくなっても、立ちっぱなしでしょ。もう辛くてね。でも、重労働はできませんでしたけど。やめてからは、どうしても、とっぴに急病なんかで夜勤が深夜一時からなのに出てみえないと、「准夜」の方が続いて「深夜」まではえらいですからね。「深夜」だけはやりましょうか、と言ってやることはありましたけど。ある程度、融通をきかせて少しはやりました。

だからうちは、子供たちはほったらかしみたいなものでしたよ。どうしても、仕事の方をね、やらなければいけない状態でしたので……。ですけど、家にいるようなもんですから。ちょうど家と仕事場とが一〇メートルも離れていなくて。敷地は、同じでしたので……。ただ、本館と家が違うというだけで。正確に言うと、本館の中に家がないというだけでしたよ。広い所でね。こちら（本館）から、子供たちを呼べば聞こえるという具合でした。そういう点では、子供にとっても、まだ良かったと思いますよ。

まあ、おばあちゃんが元気なうちは良かったですよ。子供たちはね、幼稚園はバスでお迎えが来るでしょ。だから、朝送ったら帰ってくるまでは時間があいているので、仕事へ出る時は出て。それでね、幼稚園はいろいろとやるでしょ。オルガンやらピアノなどを。そうするとわたしは、教える暇がなくって。それに、わたしは若い時勉強ばかりしていたので、音楽のようなものは、ぜんぜん手をふれたことがなくって。

でも、子供たちは、「お母さん、歌って、ピアノってどうやったら弾けるの？　弾いてよ」と言ってきまして。どうしたらいいのか、どうやって教えたらいいのか戸惑っていたところへ、おばあちゃんが、「よしえさん、わたしが教えてあげるから、あなたは仕事へ行きなさい」って言って下さったの。その時は、おばあちゃんといっしょに住んで良かったなあ、家族って本当にいいなあと思いましたよ。それで、おばあちゃんが全部、二人の子に教えてくれましてね。おばあちゃんは、昔、音楽の方を少しやっていらしたみたいで、子供にも何不自由なくさせることができてね。

レンゲと菜の花

それでね、えらいって言えばえらかったたし、空襲があって、戦争があってみなさんは疎開してましたけど、わたしは田舎だったので疎開っていう辛さは知りませんし。わたし自体は、人と比べるとそんな辛さはね、なかったように思うんですけれど。いま考え

ると ね。今の子供よりも良かったなあって思うのは、食事のマナーでも、大勢で自然と身につきますでしょ。みんなそうだったんでしょうね。お祭りでも、村全体で騒いだりしてましたし。お芝居も村で、普段は道具なんかをしまってある所を、ちゃんと組み立てて作れば、そこが舞台になるし、客席にもなるというね。建物一つがパタンと開けると、そのようでしたから。上手に作っているなあと思って、よく見に行って。今はどうなっているんでしょうかね。だから、お膳にしても何にしても、村ですべてそろっていました。夕方まで紙芝居も来てましたし。

寺から出ればすぐ田んぼで、遠くの方までずっと見えて、学校も見えたし。それが、学校の見える所まで全部、昔はレンゲ畑や菜の花畑でね、終戦後までありましたね。麦は麦ばっか、菜種は菜種ばっか。真っ黄色なの、見渡す限り。一方の所は、レンゲでピンク色、もう裏へ出ると一段高い所には桑、お蚕さんの桑がありまして。そういった最高の環境でしたので……。ですから、今で言うおやつですか。それは桑の実を食べたり、柿の木から柿をとって食べたり。そんなんばっかでしたよ。

ただ怖かったのは、ほら、菜種の咲く頃に、散ってしまうと実がつき、真っ青になりますでしょ。小学生の頃は、背が人よりも小さかったんですね。今みたいに、みなさん大きくなくって……。田んぼの真ん中の道を、学校に行くのに通って行く時、丈がわたしの頭すれすれぐらいに伸びてるものですから、外から見ると、頭が少し見え隠れするぐらいでね。誰も人がわたしの他にいなかったの。その中を夕暮れになると、「肝取りが来る」とか「人さらいが来る」とか言われてましたでしょ。そんなの来ないって分かっていたんだけど……。それで、わたしが歩いていますと、ガサッとか音がして、もうびっくりして、「出たー！」と大声で叫びながら走って帰ったの。

それとね、すぐ近くに高い堤防があって。そこに上がって一面の景色を、よくお友達と見に行って。理科の授業なんて、自然の中でみんな覚えるわけ。田んぼに稲を植える前になると、クラス全員で苗代にカエルが卵を産み落としているところを観察したりしてね。カエルの合唱も聞きに行ったり、町と違いましたので。まあ、優雅といえばそうでしょうね。戦争中にしてはまだ良かったですから。

学校へは一〇分ぐらいですから。夕方頃まで、暗くなるまですぐわたしの寺の裏がお宮さんでしたので。あまり大きくはなかったんですけれど、友達と何人か集まってよく遊びました。ずーっと田と畑ばっかで、向こうの周囲は山でしょ。月は東から上がって、日は西へ沈むし、そんなこと教えられなくても自然と身につきましたし。本当に大きな月がねえ。今でもはっきり覚えていますよ。よく単純に山をかいて月を描きますでしょ。お天道さんみたいに。その通りに出てくるの、自然がそのままでしたのでねえ。ここらでもだいぶ発展してきたので、なかなか見られないでしょ。月で影踏みをしたり、そういう遊びをして、みんなで楽しんでいましたよ。

竹おじゃみ

あと、わたしがすっごく好きだったのが陣取りや竹おじゃみなどで……竹おじゃみは、岡崎の方だけの遊びのようでしたけども、全部自分で作りまして。竹やぶから庵主さんに無理言って手伝って切ってもらって、小枝を落として、鉈で二〇センチぐらいに割るんです。割って、その縁をペーパーナイフできれいにして。それを一〇本作って、いつも持っていました。戦時中でしたので、学校でも何も遊ぶものがないでしょ。

そうそう、クラスで何を作るかということになりましてね、その時、わたしがなんでそんなことを言ったのか今でも不思議なんですけれども、「ピンセットを竹で作るっていうのはどう?」とわたしが提案したんです。みんな、「よし、やろう‼」って盛り上がっちゃいまして、竹おじゃみの竹で、ふしを薄くして火であぶって真ん中を曲げて作りましたね。ほら、子供だけでやるでしょ。みんなできあがったものは、見事にバラバラ……。お箸のようになった子もいればきれいにできた子もね。わたしは、あまりうまくできなくて。でも、自分では誰よりも一番うまくできたと思い込んじゃって。うれしくて、うれしくて、早く家へ帰って、庵主さんに見せに行ったら、ただニコッと笑って、〝ありがとう〟という一言だけでね。

わたしは、もう少し喜んでくれるかなって、少し期待していたのに、少し悲しくて、寂しかったんですね。でもね、庵主さんが亡くなった時、荷物の中に、ぼろぼろのわたしの作ったピンセットが大事にしまってありましてね。その時は、「ああ、やっぱり、庵主さんは、わたしの本当の親なんだ」てね、心から感じましたよ。幼い時って、分からないでしょ。そのような気持ちって。庵主さんは、言葉の少ない方でしたけど、でも、庵主さんなりにわたしを愛してくれたんだなって思っています。

それとわたしは、子供の頃、『少女クラブ』とか、いろいろな本が出ますでしょ。ですけど、本なんか田舎だからないんですよ。本屋なんて、二里も三里も離れた所しか。それでわたしは、本が読みたくて本が読みたくて。でも本は、ないから、「絶対、働いて給料もらったら、本を買う」というのが、子供の頃の夢でしたね。お寺だから、わりあいいただきましたけど、大事に大事にね、でも本当、本が読みたくて。だから、なんにも食べるものも遊ぶものも、〝買う〟ということはなかったですね、全部、自分で作るの。お菓子も、庵主さんや村の人などが作ってくれて。

買いたい、あれが欲しい、と思ったことはないんですか。

でも、みんなそうでしたからね。とにかく、店というものがなかったですから、各家に、いちじくやら、たくさん食べ物はありましたので、お腹がすけばその家に行ってもらったりしてましたから。それにほら、そんなに贅沢に、「これ買って。あれが欲しい」と言える立場でなかったものですから。生活できるだけでも、感謝していましたので、そんなに、自分の欲望ですか、そういうのは自然と湧いてきませんでしたよ。だから、そうねえ、むしろ昔の方が食べ物も良かったわね。今はなんでも買えますでしょ。あらっ、わたし、小学校の頃、勉強したのかしら⁇（笑う）。本なんかもないから……。わたしのクラスに医者の子が二人いまして。そういう子は、本なんてたくさん持っているでしょ。その人にムリ言って借りたりして、学校で読みましたね。あっ、また話がとんじゃってごめんなさいね。

病院では戦争での負傷者はいたんですか。

そうですね。わたしの勤めていた病院にはいなかったですけど、派遣という形で、他の病院へ一週間行ったんです。その病院に入った時、戦争はむごいものだとつくづく感じました。患者さんの中には、手がちぎれてしまった人や、顔がね、形がおかしくなった人などいましたよ。もう入った時、自分が、まるで別の世界に飛び込んだ感じでしたもの。それでほら、当時は麻酔なんてそう使いませんでしたので。わたしのような看護婦は、手術の時には患者さんを抑えつける役でして。わたしは、てっきり違う手伝いをやるかと思っていましたら、「早く抑えつけなさい」って、他の看護婦の方たちに言われて、おそるおそる、抑えつけたんです。なんで抑えなければならないのか、まだ不思議に思っているでしょ。

そしたら、先生がメスで切っていくんですよ。すごく痛いでしょ。そうすると男の人ということもありますし、人間そういう時には思ってもみない力が出るんですよ。もう抑えつけるどころではないんです。患者さんなんて、「こんな思いするなら、いっそのこと殺せ！　殺せーっ！」て、叫び続けるの。抑えつけている方も辛くってね。涙がボロボロと出てきましてね。それで、その当時、まだわたしもあなたと同じか少し上ぐらいの年齢でしょ。もう、強烈な光景でしたよ。自分の目の前で、なんにも麻酔もしないで、人間の体を切っていくんですから。それで手術が終わった後に、気分が悪くなって吐きましたよ。その後、三、四日は食事をする気分になれなかったですよ……。

働いていて、自分に影響を与えた人は。

でも、どちらかと言うと、むしろ、わたしたちの方が与える方なのでね。患者に生きる希望を与えるのが、わたしたちの使命みたいでしたから。だから、わたしの方が落ち込んだりしていては、ダメでしょ？　影響を与えた人というのはあまり覚えがありませんね。今までやってきて、たくさんの人と会いますし、いろんな環境も、第一、わたしも、親から離れて養女になっていたわけですけども。両親と最後まで一緒に暮らすのが良いことですよね。

〝ありがとう〟は？

でも、上を見ればきりがないし、下を見ればまだ下もとことんありますでしょ。人間、どうしても上を見たくなりますでしょ。様々なことがあったりすると。自分に身についたというのは、相手の気持ちをね、大事にするということ。まず何をやるにも、自分にやられたらどうかな……とか、嫌なことでもありますでしょ。でも、もし仮にされたとした場合、いま自分はされているけども、これをもし知らないで、自分も同じことを他の人にやっているかもしれない。人の痛みを分かるというの。相手の気持ちになるということは、お寺とかね、働いてきたことで身についたっていうか。

必ずどんな時でも、自分だったらどうだろうな。こういうことをして、相手がどう思うだろう？　でも、相手がどう思うかなって、あまりにも気を遣わなくてもいいんですけれど、ただなんて言うのかな、自分がやられたら、嫌なことは絶対にしない。それと、いちばんわたしがいいと思うのは、〝感謝の気持ち〟を忘れないということ。どんなことでも、〝ありがとう〟と言うことね。それは、うちの子供たちにはしっかりしつけましたね。それが、親子であっても、それだけはね。おじいちゃんだから、おばあちゃんだから、男親だからってね、特別な扱いはなかったですよ。ひとつの物を、「ちょっと、それ取って」と子供に言うと、持ってきますでしょ。〝ありがとう〟と、絶対に言うことは忘れないですよ。子供だろうが、大人だろうが、それは一人の人間として、ちょっと何かやっているようならば、「ちょっとすいません。お願い」と言って、すんだら、〝ありがとう〟と言うことは絶対ね。

今でも、「おつゆ、もういいの」って言うでしょ。「もういいの？　食べるの？」って言いますでしょ。そうすると、「うん、ちょうだい」と言うと、わたしが持っていくでしょ、〃ありがとう〃って、ちゃんと言いますよ。子供が小さい頃に、お父さんに何か買ってもらったりした後は、「〃ありがとう〃は?」と、口癖のように言っていましたから。

それと、お母さんにあまりうるさく言われると、「うるさいわねえ」と、言いますでしょ。うちでも、「うるさいなあ。同じこと何べんも」と言いますけど、わたしはその時は、うるさがられても大事なことは何べんでも言います。今は、うるさいと言うけれども、その時はパーッと聞き流しても、困ったりとかいろいろなことに出会いますでしょ。よそとか、これから先でも。そういう時に、「母さんがいつも言ってたけど、こういうことだったんかなあ」と、思い出してくれればいいから。その時に言っていなければ、思い出しませんでしょ。言うことだけは言う、というわたしの方針は、今でも守っています。それには、限度というものがありますけど。言ってなければ、大事なことは記憶のどこかにあれば、聞いたことがいっぺんでもあれば、「ああ、そう言えばどっかで聞いたな」っていうことがありますでしょ。

そういうことがあるから、〃うるさい〃と煙たがられても言いますし、そういうことが大事ではないかと思いますね。〝うるさい〟とお思いになってもけっこうだから、聞いておくと、何かにめぐりあった時、必要なときに、浮かんできますでしょ。親子であっても〝ありがとう〟という感謝の気持ちを持つようにね。

でも、〝心から〟入れなんて無理。わたしたちでも無理ですよ。だから、小さい時から〝形から〟でいいと思います。何も分からなくても、仏の前で手を合わせる。わたしは、「お寺、神社の前を歩くとき、頭を下げていけ」と毎回言われまして。何べんも言われますと忘れないでしょ、いつまでたっても。「なんで、そんなことしなならんの」と言ってしまえば、それまでですけども。自然と、そうすると神社へお参りするのは、どうしてかということまで分かってきますよ。わたしが小さい時そうだったから……。今でも小さい頃のね、続けているのは、〝ありがとう〟という感謝の気持ちを持つことね。〝心〟はないかもしれませんよ。口先だけ……。でも〝形から〟が大切ですからね。あっ、そうそう。これ差し上げますよ。これがわたしの勤めていた所でね（註…ここで語り手は、自分が昔、勤めていた所の写真・パンフレットを持ってくる）。

すごく広い所ですね。

でもね、この建物は、おじいちゃんが、夢を子供たちに与えたいとおっしゃって、全体が船の形してましたよ。

今日は、本当にありがとうございました。

いえいえ、わたしなんて、なんにも大したことお話しできなかったし、あちこち話がとんでしまって……。本当に、ごめんなさいね。でも、お母さんがうるさいな、とお思いになっても、聞いてあげて下さいね、今って、そういう基本的なことがないでしょ。心がなくても、後から心をつければいいんじゃないかしら。年代をおっていけばね。

夫の母を十三年

ほら今、老人の世話をしていても、家庭の方大変でしょ。わたしでもね、十三年間看病しましたよ。おばあちゃんを。その後は、主人を六年間ね。「なんで、わたしだけがこんなことをしなければならないのかしら」と、誰でも思いますでしょ。家の中で看病してたでしょ。下の世話から、食事の世話まで……。おばあちゃんは、その当時太ってましてね。七〇キロ位あったんですよ。お父さん、主人は、仕事で忙しいでしょ。そうすると、わたしだけで看病を、何から何までするでしょ。トイレに行かせる時も……大きい方のね、おぶってね、七〇キロをですよ。まず、ヨイショとかつぎますでしょ。まず、起こすのに時間がかかって、いざおぶったはいいが、よろよろで歩きましたよ。よく、腰を痛めなかったと思いましたね。そんなような看病が十三年間でしたから、外出さえも、なかなかできなかったですよ。本当、精神的にも参った時期もあったのよ。

でも、看病し始めた最初の方は、「おばあちゃんに、こんだけ借りがあったのかなあ」と思っていても、まだ自分の中で納得いかなくて。「なんで、こんだけ自分だけが……いっぱい、お姉さんたちがいるのに、なんにも血のつながりのない自分一人のところに、全部かかってこなければいけないの！」と思いましてね。でもよく考えると、「あっ、これね、もし、自分が寝ている立場で、逆に世話してもらっているんだったら、自分よりもっと辛いだろうな」って。それよりもまだね、やらしてもらう方が、気分的にもいいでしょ。〝やってやる！〟なんていう気持ちのうちは、まだね。してもらうより、させてもらっている方が、うんといいんじゃないかな、っていうところまで到達するには、時間がかかりましたけど。そういう気持ちに達するまでには、その間、いろいろなことがありますすけど。そういうふうに考えて生きられるのは、やっぱり、なんかの積み重ねがないと……。

それで、おばあちゃんの方でもね。だんだん何年もそういった状態でしょ。最初のうちは、そんなこと言わなかったですけども、わたしの顔を見る度に、「すまないねえ、迷惑かけるねえ」と言ってね。悲しそうな表情をするんです。それを見ているとね……。おばあちゃんが亡くなった時ね。わたしは、正直言ってホッとしました。看病しなくてすむっていうこともありましたけど、「ああ、これでおばあちゃんも、精神的に楽になれるな」ってね。毎日、やはり気を遣っていたと思いますよ。十三年間はね。口に出すには簡単だけども……長いですからね。それで、おばあさんの最後に、わたしを呼んでね、「本当に長い間ありがとう。この十三年間、わたしのために、あなたの人生を狂わしてしまって……ごめんなさい、許してちょうだい」と言って、涙を流されましてね。わたしは、その時なんにも言葉を返すことができなくって……。十三年間の思いが、一瞬のうちに、頭の中をぐるぐると回って……。この十三年間、とても本当に長かったけども、無駄でなかった。看病してて、良かったと心から思いましたよ。

でも、不幸は続くものですよね。その後一〇年たって、今度は、主人がガンと診断されましてね。最初、主人が、「この頃、なんか体の調子が良くないんだ。だるいんだよな」と言うもんですから、「一度、医者に診てもらってみたら」と軽い気持ちで言ったんです。そしたら、その時は、何も医者の方からは言われなかったんです。二日後、わたしが呼び出されまして。「ご主人は、肝臓の方に少し影が見られます。はっきり言うと、ガン細胞が……」と言われまして。

その時は、もう何が何だか分からなくなってしまって。「はあ。そうですか……」みたいなことを言ったと思いますよ。もう、目の前真っ暗になってしまって。どこをどう帰ったのか、記憶がぜんぜんないの。とにかく家に帰って、子供たちは、その時、大学生でしたので、わたしなりに判断して、子供に打ち明けて。「でもね。お父さんには絶対に言わないし、気づかれてはダメよ」と何回も言い聞かせて。もちろん、わたし自身にも。その時点で医者から、「もって、あと一年です」と宣告されてましたので。もって、あと一年ですから、早ければ明日でもでしょ。

最初、病院へ入院していましたけど、少ししたら家でね。わたしも、とにかく食べ物などは、なるべく新鮮なもので、料理にも気を遣いましたし。それが良かったのか、その後、五年間も生きられましてね。そう自覚症状もひどくはなかったのが、良かったんですけれど。そして、主人が亡くなった後で、ほら荷物の整理をするでしょ。そしたら主人は、福祉の方を経営してましたでしょ。それの書類もきちんと、自分がいなくなっても困らないように、きちんとまとめてありましたし、家のことでも、銀行のことやら、全部、主人に任せていたの。全部、どこに何があるとか、カギはこれだとかが、書かれてありまして。お父さんは、自分の病気のことを気づいていたんだな、って、はじめて気づきましたよ。もう、それを見た時、涙があふれて止まらなかったですよ。わたしたちは、必死に隠しておりますでしょ、でも、やはり敏感に分かってしまっていたようで、自分なりにいろいろと調べたようでね。お父さんの気持ちを考えたら、なんとも言えないのよ……。

三、おわりに

長谷川さんの話を聞いて、ただただ、ため息をつかずにはいられなかった。なんというすばらしい考え方、そして、自分の気持ちの持ち方なのであろうか。わたしは、今の現代の中で、ほっと、落ち着ける場所を見つけた、そんな気持ちを味わいました。自分の置かれた境遇に不満を抱かず、苦しい時、その不満を思い起こすことはあっても、それをバネにして、自分にとって、プラスになる方へ気持ちを持っていく……そんなことは、やろうと思っていても、なかなかできないことではないでしょうか。そこまで、自分を作り上げるには、やはり小さい頃から、今までの経験があったからこそなんだろうと思います。

わたしは、長谷川さんに、自分の人生について考えさせられたような気がします。何よりも人生について参考になりました。現代は自分だけ、自分中心に物事を考え、生活している世の中で、まだ、このように昔ながらの、心の広い、心の汚れが見えない……あったとしても、それを自分でなくして、直してしまう、そんな人が存在していることは、とても貴重なことであり、現代人が、もっとも参考にしなければならない人物なのではないだろうか……そんなふうに思いました。

ライフ・ヒストリーをやらなければならないと聞き、最初は、「はまったー」と思い、「めんどくさいな」っと、すごく憂鬱な気分でした。それは、やる前だけで、いざ人の話（人生）を聞き始めると、不思議なものですよね。その人の話に入り込んでいく自分に、ふっと気づくんです。そして、二時間という長い時間が、いつの間にやらたってしまったのです。わたしは、人に、人生を聞くということは、わたしたち（特に若い者）にとってみれば、とても貴重な体験であり、貴重な時間なのだと、改めて思いました。それに、自分にとって、これからの人生を歩んでいく参考になるということは、絶対に言えると思いました。ただ一人のライフ・ヒストリーを聞く、それだけで、また新たな一人の人生が良い方向に変わる……こんなすばらしいことはないのではないでしょうか。本当に、いい体験をしました。

☺大黒由香☺

90年代中頃の受講生たちの作品集(5)

先生の授業は、他の先生と違って、とても新鮮でした。数人の人が中心であてられる授業だったので、少し退屈なときもありました。でも、たのしい授業だったと思います(話も楽しいし……)。ライフ・ヒストリーは、手間をかけたわりに、残るものが少なかったと、少し思います。でも、いい機会だったと思います。

編集後記

男社会を生きる知恵

【書き手】横家純一　一九五三年生まれ、大学教員ようやく、この後記を書くときがやってきた。今度で、九本目の「女たちのライフ・ヒストリー」である。椙山女学園の短大生による「社会学レポート」を編集したものとしては、最後の作品となる。今回ほど時間をふんだんに使って、いわば〝熟成〟させたものはない。毎回ベストの仕事を念じているので、今回だけが特別ということはない。ただ、ライフ・ヒストリーの編集を、いわばライフ・ワークとしてやってきた者も、歳をとるにつれ、編者としての視点ばかりか、たとえば、筆者の名前が、「田口」から「横家」になっているように、人生をやり過ごす視点まで変わってくるということであろうか。そこらあたりが、今回の作品の特別なところ、と言えなくもない。

とにかく、ここまで成し遂げたことを、まず、編者の永年の協力者である、谷順子さん――二〇〇〇年十二月永眠――と中村陽子さんに感謝したい。二人は、第五話の語り手とほぼ同時代人であり、語りの内容について、いわばリアルタイムの校正をしてくださった。その記憶力、および社会人としての見識に、今回も大いに助けられた。

入力を手伝ってくれた数多くの人たちにも、名前はあげないが、感謝の念をこめて報告をしたい。もちろん、貴重なライフ・ヒストリーを提供してくださった五人の語り手と、貴重な青春のひと時をレポート作りにあててくれた八人の聞き手たちには、心から

〝ありがとう〟と言いたい。おかげさまで、たんなるレポートの寄せ集めを脱皮して、個人の多様な人生経験がいっぱいつまった社会学的記録を残すことができました。この記録を基礎データとすれば、ライフ・ヒストリー研究における、口述による自己表現の可能性とか、記述による他者への伝達の問題などについて、多くの知見がえられると思う。

つぎにあげる表は、調査年、調査地、語り手の生年・職業、聞き手の卒業年・専攻・進路・住所の一覧である。調査年も調査地もバラバラで、なにか共通するものを探すのは困難だが、ここではつぎの三点を指摘しておきたい。

① さいごの語り手を除いて、すべて一九五〇年代生まれの、いわゆる「団塊の世代」に少し遅れてきた女性たちであること。

② 見方を変えると、十九歳の聞き手たちにとっては親の世代であり、両者のコミュニケーション過程には多くの教訓がありうること。

③ その職業は、会社社長が二人、教員が二人となっていて、比較研究すると意外な発見があるかもしれないということ。

この五人によって語られた人生経験のプロセスを見てみると、男社会の重圧の中で、一見、シャドウ・ワークばかりを押しつけられているようにみえつつも、実は、しっか

聞き手たちと語り手たちの接点

		第１話：オーナーの感覚	第２話：トントン拍子に	第３話：すべてお任せ	第４話：失敗こそチャンス	第５話：形から入ること
調査年月		1996年12月	1999年１月	1998年６月	1998年７月	1992年６月
調査地		名古屋市	各務原市	瀬戸市	東京都新宿区	春日井市
語り手	生年	1955年	1954年	1952年	1951年	1927年
	職業	パチンコ製造・開発販売・レジャー事業の会社経営	高校の司書教諭	カトリックのシスター・高校教諭	商品開発コンサルテーションの会社経営	元看護婦・保健婦
聞き手	卒業	1998年３月	2000年３月	2000年３月	2000年３月	1994年３月
	専攻	国文	国文	国文	英文	国文
	進路	編入	就職	編入	就職	就職
	住所	小牧市	各務原市、岐阜市	名古屋市、桑名市、菰野町	安城市	春日井市
文字数		① 29760	④ 20812	⑤ 15750	② 26666	③ 23746

り自分のステージで踊っている女たちが見えてくる。必要なものを、自分自身で選びとり、演出もし、かつ、それらのプロセスすべてを、他人任せにせず、自分自身でエンジョイしている。周囲からの眼差しが冷たく、暗いものであればあるほど、スポットライトに照らし出されたヒロインの動きが鮮明に浮かびあがってくる。男たちに無理やりおし込められていた舞台裏から跳びだし、自分が主人公となって、あたかも人生という芸術作品を創作しているようだ。本書を、「ショータイム」と名づけたゆえんである。

これから記すことが、この作品を授業で多くの若者たちと読みこんでゆくにつれて、いかに一面的で、皮相な解説にすぎないものになるかを十分自覚しつつ、ここでは、各作品の中味について、編者としてのコメントを〝形〟にしておこうと思う。なぜなら、他人の人生経験について、一つの解釈ができるということは、そこには自由な時間と空間があるということであり、当然、もう一つ別の解釈を保証するということであるからだ。そこからはじめて、危険な思いこみを排して、柔軟で創造的なものの見方が生まれてくるからである。

第一話は、もしこれがなかったら、本書が生まれなかったとも言うべき貴重な作品である。十九歳の聞き手の、取締役社長である四十一歳の語り手へのインタビューと、その力のこもったレポートは、『いのちの舞い』(田口純一編、六法出版社、一九九五年)のあと、当分ライフ・ヒストリーの編集はしなくてもいいな、という筆者の気持ちをすっかり変えてしまった。つまり、「これはぜひ製本したいですね」と、レポートのコメントに書いてしまったのである。「陰の努力者《もの》」というレポートの原題は、一時「不良」を演ずることによって、周囲の重圧から自らを解き放った語り手のみか、短大から四大への進学を自ら選び、コツコツと力を発揮してきた大島彩の生き方そのものでもある。

第二話は、「不幸は、パンパーンと追い返して」という原題からも窺えるように、他の語りと比べて、とても軽いテンポになっている。かと言って、語り手の提起している問題が、電車で痴漢にあったショックで、大切な試験をいわばドタキャンするハメになった体験などにみられるように、軽微なものとは言えない。聞き手の一人である横山裕美子が「おわりに」で書いているように、「二度目のインタビューで、ようやく先生もこれだけ口を開いて」くださったのである。その結果、本書のテーマである〝男社会〟についてのストレートな批判が出てきて、リベラルな読者にとっては、とても痛快な内容となっている。

第三話は、男社会よりはむしろ、人間社会について真摯な対応のさまをいかんなく口述したものである。〝人間とはなにか〟〝人生とはなにか〟について、これほどの省察ができること自体、人びとの主観性にこだわりをもつライフ・ヒストリーの研究者には、羨ましくさえある。レポートの原題も、「心の奥の声」というもので、聞き手たち三人は、しっかりその声を聞き取っている。彼女たちが「おわりに」で述べているように、人を常識的見方やステレオタイプで決めつけたりすることが、いかに「不毛」なことかというメッセージを、読者は受けとるに違いない。編集で時間をかけているうちに、わたしたちの〝祈り〟がつうじたのか、当初の仮名が本名になったし、おまけに写真まで掲載することができることとなった。

第四話は、今回の作品の中で最長のものと思いつつ編集をしてきたが、文字数を調べてみると約二七〇〇〇字で、約三〇〇〇〇字の第一話より三〇〇〇字少ない。それにしても、四〇〇字にして六十七枚の大作であり、東京まで出かけて取材しているあたりが、並みの調査をはるかに超えたものを約束しているようだ。「はじめに」でも分かるように、授業の課題としてやらされているという意識は、もうとっくに消え去っている。その話題も、フランク・シナトラに始まって、成田闘争、優生保護法、人材派遣の「テンポラリー・センター」などと多岐にわたり、同時代人にとっては、歴史的流れにそって、まさに個人史と社会史の接点を垣間みているような気がする。こうなると、もはや職人芸の域である。わずか十九歳の聞き手が、四十六歳の語り手の心のうちを開いていく自由な時間と空間が、どこからも読み取れる、羨ましいインタビューとしか言いようがない。

第五話の語りには、母親が三人登場する。「自分を産んで、すぐ死んでいった母」、「自分を育ててくれた母」、そして「十三年間看病した、他人（夫）の母」。実体としての母がどうであれ、それぞれの〝母〟への主観的な思いが、個人の行動を自由に解き放つ。生きる知恵を与える。苦境に立たされたときも、強力なパワーを与える。「実母が一番」とか「だれでも母親は一人」なんていう固定観念があると、われわれの意識と行動は限定されてしまう。この記録は、そんな幻想を一挙に吹き飛ばし、家族の本質を照らし出してくれる作品、といっても過言ではない。

かって、筆者は、さきにあげた『いのちの舞い』において、八歳のときに実母をガス自殺で失い、その後、継母に育てられ、自分も母となった経験をもつ女性のライフ・ヒストリーを編集したことがある。その後、それを講義で取りあげ、テキストとしてみんなで読みこんでゆくなかで確認できたことは、家族というものが、一見、所与のものと思われがちなのにたいして、現実は、与えられるどころか、自分たちで常に作りだしていかなければ、消え去ってゆくもの、そしてさらにそれは、絶えず変化しつづけるものであるという認識である。現代社会における結婚・離婚・再婚などの現象を考えれば、こんなことは、あたりまえのことと言われてしまいそうであるが、筆者にとっては、ひとつ新鮮な社会学的発見であった。

さいきんの受講生の作品

「誰だったかね？」というセリフは、高齢化社会についての授業で、いちばんうけたものである。

■編者紹介

横 家 純 一

(よこや・すみかず、旧姓：田口)

1953年5月 岐阜県郡上郡東村生まれ。1980年 名古屋大学大学院修了。現在、椙山女学園大学文化情報学部・助教授。社会学のなかの生活史、社会意識論などが研究領域。なお、個人的には、写真のような里奈と幹人(かんと)のパパである。

ショータイム ——女たちのライフ・ヒストリー
Life-Histories of Women in a Male-Chauvinistic Society

発行日 2001年4月1日 定価(本体800円+税)

編 者 横 家 純 一
椙山女学園大学文化情報学部
〒464-8662 名古屋市千種区星が丘元町17-3
http://www.sugiyama-u.ac.jp
e-mail: gucci@ci.sugiyama-u.ac.jp

発 行 株式会社 あ る む
〒460-0012 名古屋市中区千代田3-1-12 第三記念橋ビル
Tel. 052-332-0861 Fax. 052-332-0862
http://www.arm-p.co.jp
e-mail: arm@a.email.ne.jp

ISBN4-901095-08-0 C0036

Information

横家純一（田口純一）編

■シリーズ・ライフ・ヒストリー研究

④『そしてまた、ひとり』

シリーズの第四作目で、今回は「在日外国人」を特集。英語でのインタビューを文字にしたレポートも出現し、学生たちによる研究の深化を示している。短絡的な日本人論におち入らないで、人びとの生活感覚をしっかりつかみ、「そしてまた、ひとり」という孤立化した状況を垣間みている。

●1992年11月、A5判、145頁

---

⑤『心の扉がひらくとき』

シリーズの第五作目で、今回は、人びとの音楽体験に焦点をあてた。音楽社会学やエスノ・ミュージコロジーの方法論としても、生活史研究が役立つという証明になるほど、人びとの固有な音との遭遇記録がいっぱい詰まっている。

●1993年３月、A5判、225頁

---

⑥『イメージの連鎖反応』

シリーズの第六作目で、今回は、あたらしい試みとして、全く目のみえない人からの聞き取りも収録。共に生きることがスローガンとなっている今日でも、生活史法による「主観性の世界」を理解することは至難のわざ。にもかかわらず、19歳のやわらかい感性はそれを可能にした。

●1994年８月、B6判、235頁

Information

横家純一（田口純一）編

■シリーズ・ライフ・ヒストリー研究

⑦『こころの運動会』北樹出版（学文社発売）、2000円

社会学受講生の調査レポートから、個人の生活史——10代、40代、70代の語り手たちが、それぞれの状況のなかで、さまざまな工夫と努力と決断をしているさまを描いている記録——を編集した前半、および、そのような作品を教材として扱うことの意義——その一部をドラマ化し、追体験することの教育的効果——について考察した後半、の二部構成となっている。

●1994年５月、四六判、295頁

---

⑧『いのちの舞い』六法出版社、1200円

19歳から64歳までの多彩な顔ぶれが、語り手として登場する、女子大生による生活史記録。語り手たちの人生ドラマが展開されるにつれて、19歳の聞き手たちが、その内面的な世界に深くのめり込み、それぞれの自分史に立ち合う、ウイットネス（証人）となってゆくプロセスを描いている。

●1995年12月、四六判、239頁

---

⑨『ショータイム』㈱あるむ、800円

椙山の短大生による、最後のライフ・ヒストリー研究である。調査期間は、92年～99年でバラバラであるが、読者には、いわゆる“団塊の世代”の思いがいかんなく伝わってくるであろう。それはいわば、男社会を生きぬく女たちの知恵の集積でもある。

●2001年４月、文庫判、260頁

Information

横家純一（田口純一）編

■その他の作品

⑩黒川真紀子・武藤真寿美・吉冨あす香・深谷昌代・清水貴子・田口純一編『まるへん―編入体験記―』

エミール・デュルケームの『自殺論』の自主ゼミに参加した、四大編入希望の短大生たちが、みずから取材、執筆した体験記録集である。現代日本の学歴社会にたいする、女たちの力強い生き方の一面が窺える。

●1998年３月、四六判、75頁

---

⑪梶山順代・田口純一著『ユーミン・悟りのテクニック』

松任谷由実という日本の音楽家が、ラジオというマス・メディアを通して若者を惹きつける。惹きつけられた若者は、逆に、そのメディアを通して自らの人間関係上の悩みを打ちあける。その多くは恋愛ものであるが、そうすることにより、自分の存在を社会にたいしてアピールしていく、そんな相互作用のプロセスを、なまなましく活字におきかえ、解説をつけた“限定本”である。　●1998年９月、四六判、141頁

---

⑦～⑨以外はすべて、椙山女学園大学文化情報学部　横家研究室（旧：椙山女学園大学短期大学部 田口研究室）の発行である。